URSULA E. BÜCKER

Mündliche und schriftliche Elemente und ihre rechtsgeschichtlichen Hintergründe im englischen Erkenntnisverfahren

Schriften zum Internationalen Recht

Band 11

Mündliche und schriftliche Elemente und ihre rechtsgeschichtlichen Hintergründe im englischen Erkenntnisverfahren

Von

Dr. Ursula E. Bücker

DUNCKER & HUMBLOT / BERLIN

Die Drucklegung erfolgt mit Hilfe
der Deutsch-Britischen Juristenvereinigung e. V.

Gedruckt 1978 bei Buchdruckerei Richard Schröter, Berlin 61
Printed in Germany

ISBN 3 428 04222 0

Inhaltsverzeichnis

Abkürzungsverzeichnis

A.C.	= Law Reports, Appeal Cases (1891 ff.)
A & E	= Adolphus and Ellis's Reports Queen's Bench (1834 - 1840)
All E.R.	= All England Law Reports
Am.B.Ass.J.	= American Bar Association Journal
Anm.	= Anmerkung
Ann.Surv. Commonw.L.	= Annual Survey of Commonwealth Law
App.	= Appendix
Burr.	= Burrow's Reports King's Bench (1751 - 1771)
C.A.	= Court of Appeal
Cambr.L.J.	= The Cambridge Law Journal
Camp.	= Campbell's Reports (1807 - 1816)
C.B. (N.S.)	= Common Bench Reports (New Series) (1856 - 1865)
c.	= chapter number of an Act
Ch.	= Law Reports, Chancery Division (1891 ff.)
Ch.D.	= Law Reports, Chancery Division (1876 - 1890)
C.P.D.	= Law Reports, Common Pleas Division (1875 - 1880)
ed.	= edition
E.R.	= English Reports (Reprint 1220 - 1865)
Ex.D.	= Law Reports, Exchequer Division (1875 - 1880)
Harv.L.Rev.	= Harvard Law Review
H.L.	= House of Lords
Int.Encyclop. of Comp. Law.	= International Encyclopedia of Comparative Law
Jur.Bl.	= Juristische Blätter
JZ	= Juristenzeitung
K.B.	= Law Reports, King's Bench (1901 ff.)
L.J.	= Lord Justice
L.J.	= The Law Journal, A Weekly Publication of Notes of Cases of Legal Views
L.J.Ch.	= Law Journal Chancery
L.J.K.B. (or Q.B.)	= Law Journal, King's Bench (or Queen's Bench)
L.Quart.Rev.	= Law Quarterly Review
L.T.	= Law Times
L.T.J.	= Law Times Journal
L.T.R.	= Law Times Reports (1859 - 1947)
M & S	= Maule and Selwyn's King's Bench Reports (1813 - 1817)
Mich.L.Rev.	= Michigan Law Review
Mod.L.Rev.	= Modern Law Review
m.w.N.	= mit weiteren Nachweisen
O.	= Order

Parlt.Papers	= Parlamentary Papers
Q.B.	= Law Reports, Queen's Bench (1891 ff.)
Q.B.D.	= Law Reports, Queen's Bench Division (1875 - 1890)
R.	= Rex
r.	= rule
Rev.Int.Dr.Comp.	= Revue International de Droit Comparé
RSC	= Rules of the Supreme Court
Salk.	= Salkeld's King's Bench Reports (1689 - 1712)
Schweiz JZ	= Schweizerische Juristenzeitung
SCP	= Supreme Court Practice
sec.	= section
Style	= Style's King's Bench Reports (1646 - 1655)
T.L.R.	= The Times Law Reports
Tul.L.Rev.	= Tulane Law Review
v.	= versus
Vaugh.	= Vaughan's Common Pleas Reports (1665 - 1674)
W.L.R.	= Weekly Law Reports
WM.Bl.	= William Blackstone's King's Bench Reports (1746 - 1780)
W.R.	= Weekly Reporter
ZPO	= Zivilprozeßordnung
ZZP	= Zeitschrift für Zivilprozeß

§ 1 Einleitung

Im Gegensatz zum deutschen Zivilprozeß ist dem englischen Verfahrensrecht ein Begriff, der dem Grundsatz der Mündlichkeit entspricht, fremd. Eine zusammenhängende Darstellung schriftlicher und mündlicher Elemente — losgelöst von der Erörterung allgemeiner Verfahrensabläufe und besonderer Verfahrenstechniken — hat es in England bis zum heutigen Tage kaum gegeben[1]. Sofern Schriftlichkeit und Mündlichkeit überhaupt einmal wissenschaftlich untersucht werden, beschränkt sich eine solche Untersuchung auf mündliche und schriftliche Beweiserhebungsmethoden[2]. Das mag damit zusammenhängen, daß es dort niemals eine Bewegung gab, die den Grundsatz der Mündlichkeit auf ihre Fahnen geschrieben hat. Während hierzulande bei Schaffung der Zivilprozeßordnung die mündliche Durchführung eines Prozesses als politisches Programm zur Durchsetzung freiheitlichen Gedankenguts verstanden wurde[3], ergab sich in England die Mündlichkeit der Hauptverhandlung[4] wegen der Mitwirkung von Laienrichtern (auch bei Zivilprozessen) von selbst[5]. Vom Grundsatz der Mündlichkeit als einer fundamentalen Prozreßrechtsgarantie zu sprechen, entspricht nicht der Mentalität des englischen Juristen, der eine weniger akademische und dafür um so stärkere pragmatische Betrachtungsweise gegenüber dem Recht im allgemeinen und dem Prozeßrecht im besonderen einnimmt. Zwar hat sich auch in England im 19. Jahrhundert eine Prozeßrechtswissenschaft entwickelt, die den Zivilprozeß und nicht zuletzt die schriftlichen Verfahrenselemente von dem Ballast jahrhundertealter Traditionen befreien wollte; die Reformen wurden aber — anders als in Deutschland — nicht dadurch erschwert, gleichzeitig eine Beschränkung und Kontrolle staatlicher Gerichtsherrlichkeit gewährleisten zu müssen. Dazu bestand in England kein Anlaß; denn Öffentlichkeit und Mündlichkeit der Hauptverhandlung, die eine Überwachung staatlicher

---

[1] *Cappelletti*, Procédure orale, S. 6, 67, 68.

[2] *Jolowicz*, Oral and Written Proof-Taking.

[3] Vgl. *Blomeyer / Meiss*, S. 462; *Arens*, S. 12, 13.

[4] Die Bezeichnung des mündlichen Termins im englischen Zivilverfahren als „Hauptverhandlung" entspricht nicht der deutschen Übersetzung für „trial", was wörtlich etwa Prüfung, Verhör bzw. gerichtliche Untersuchung bedeutet. Der Begriff „Hauptverhandlung" umschreibt aber materiell am ehesten die hervorragende Bedeutung, die der mündliche Termin in England einnimmt.

[5] Vgl. unten § 4 B. I.

Gerichtstätigkeit ermöglichen, waren eine seit langem bestehende feste Einrichtung.

Auch bei uns betrachtet man heute das Zusammenspiel schriftlicher und mündlicher Elemente in erster Linie unter dem Gesichtspunkt einer ökonomischen und rationellen Verfahrensabwicklung[6]. Trotz diverser Reformen[7] konnte aber noch kein allgemein befriedigendes ausgewogenes Verhältnis dieser prozessualen Ausdrucksmittel gefunden werden. Die Diskussion hierzu geht weiter. Dabei wird generell anerkannt, daß eine stärkere Betonung der mündlichen Hauptverhandlung geeignet ist, das Verfahren effektiver zu gestalten[8]. Im Zusammenhang mit diesen Reformdiskussionen ist es nicht ohne Interesse, das Zusammenwirken von Mündlichkeit und Schriftlichkeit in einem Prozeßrechtssystem zu untersuchen, das keine Auseinandersetzung bezüglich der stärkeren Gewichtung des einen oder anderen Elements gekannt hat, sondern seit jeher der mündlichen Verhandlung eine überragende Bedeutung beigemessen und dennoch oder gerade deswegen umfassende Regeln für den Schriftsatzwechsel aufgestellt hat. Diese Betrachtung wäre unvollkommen, würde man nicht den Werdegang der Schriftsätze und die historischen Gründe für den Vorrang der Mündlichkeit innerhalb der Hauptverhandlung aufzudecken versuchen. Denn hier liegt nicht nur der Schlüssel zum Verständnis für das charakteristische Verhältnis schriftlicher und mündlicher Elemente im englischen Zivilprozeß, sondern auch für das Verständnis des englischen Verfahrensrechts überhaupt.

Die „Pleadings“ bildeten das Kernstück des englischen Verfahrens, so daß ohne ihre Kenntnis das englische Prozeßrecht kaum zu verstehen ist. Die Vertrautheit mit dem englischen Verfahrensrecht ist aber wiederum elementare Voraussetzung für das Verständnis des „Common Law“ im ganzen; denn dieses wurde durch die Gerichtspraxis von Entscheidung zu Entscheidung geschaffen und somit in seinen wesentlichen Merkmalen durch das Verfahrensrecht und nicht durch eine materiellrechtliche Dogmatik geprägt[9]. Erst im 19. Jahrhundert wurde in England das materielle Recht von den prozeßrechtlichen Zwängen befreit[10]. Die in diesem Zusammenhang notwendig gewordenen Erneuerungen

---

[6] Vgl. *Blomeyer / Meiss*, S. 494.

[7] Vgl. *Walsmann*, ZZP 61 (1939), S. 381 ff.; *Stein / Jonas / Pohle*, § 128 Anm. 1.

[8] Vgl. die Erläuterungen zum Entwurf eines Gesetzes zur Beschleunigung gerichtlicher Verfahren (Stand Sept. 1973) Anm. C I: „Daneben soll die mündliche Verhandlung wieder zum Kern des Prozesses werden. Der Entwurf verfolgt damit das doppelte Ziel einer zügigeren und rationelleren Verfahrenserledigung und einer Verbesserung der Rechtspflege.“

[9] *Holdsworth*, Legal History, vol. IX, S. 311; *Maitland*, Forms of Action, S. 3; *Schmitthoff*, JZ 1972, S. 38 (40).

[10] Vgl dazu im einzelnen unten § 2 B. II.

erfolgten durch gesetzgeberische Maßnahmen. Die Umgestaltung des Verfahrensrechts und die damit korrespondierende Reform der „Pleadings" sind daher auf das Engste mit der Entwicklung des Kodifikationsgedankens in England im 19. Jahrhundert verbunden. Die schriftlichen Verfahrenselemente als wichtiger Teil des englischen Prozeßrechts gehören zu den Sachverhalten, bei denen die Gesetzgebung in bedeutendem Umfang aus ihrer untergeordneten Stellung herausgetreten und zur Hauptquelle des Rechts geworden ist.

Da sich schriftliche und mündliche Elemente von der Klageerhebung bis hin zum Urteil erstrecken, wird die Arbeit aufbaumäßig dem Verfahrensablauf folgen, genauer gesagt, dem Prozeßverlauf, wie er vor dem „High Court of Justice" in London[11], dem für England und Wales wichtigsten Gericht, praktiziert wird. Für das Verfahren vor anderen Zivilgerichten, vor allem den „County Courts"[12], gelten generell die gleichen Grundsätze, insbesondere soweit es um Mündlichkeit und Schriftlichkeit geht; ja sogar der Strafprozeß enthält viele Gemeinsamkeiten in dieser Beziehung. Charakteristisches Verfahrensmerkmal vor allen Gerichten ist die scharfe Zweiteilung des Erkenntnisverfahrens in ein Vorbereitungs- und Entscheidungsverfahren, wobei innerhalb des Entscheidungsverfahrens das mündliche Element eindeutig vorherrscht, während innerhalb des Vorverfahrens die Schriftlichkeit überwiegt.

---

11 Der High Court mit seinen drei Divisionen — Queen's Bench Division, Chancery Division und Family Division — bildet formell zusammen mit den — nur für Strafsachen zuständigen — Crown Courts und dem Court of Appeal den Supreme Court of Justice. Zur Abgrenzung und Aufgabenverteilung vgl. *Bunge*, Richterpersonal, S. 7, 8. Der High Court ist sowohl erstinstanzliches Gericht als auch Rechtsmittelgericht, insbesondere für die County Courts, und insoweit mit den deutschen Landgerichten vergleichbar.

12 Hier sind die Regeln einfacher gestaltet und zielen auf eine beschleunigte Abwicklung hin.

§ 2 Der Schriftsatzwechsel

Die „Pleadings" bilden das schriftliche Vorverfahren. Sie enthalten Ausführungen des Klägers bzw. des Beklagten hinsichtlich der Gründe für die Schlüssigkeit der Klage bzw. Erheblichkeit der Verteidigung[1].

Die „Pleadings" haben eine lange historische Vergangenheit und nehmen auch im Rahmen des heutigen Zivilprozesses eine wichtige Stellung ein. Ihre Bedeutung läßt sich rein äußerlich schon daran ablesen, daß bei bekannten zivilprozessualen Werken neueren[2] und älteren Datums[3] schon der Titel auf die „Pleadings" Bezug nimmt. In der englischen Verfahrensordnung wird ihnen ebenfalls große Aufmerksamkeit geschenkt. Die „Rules of the Supreme Court"[4] enthalten detaillierte Vorschriften über das, was der Schriftsatzverfasser bei der Anfertigung der „Pleadings" zu beachten hat und welche Rechtsfolgen sich an mögliche Verstöße knüpfen[5].

Für den deutschen Betrachter ist diese eingehende Auseinandersetzung mit den Schriftsätzen besonders erstaunlich, weil sie im Gegensatz zum deutschen Zivilprozeß[6] nicht nur formell, sondern auch materiell niemals als Entscheidungsgrundlage herangezogen werden können; der englische Richter bildet sich seine Überzeugung ausschließlich aufgrund dessen, was ihm in der Hauptverhandlung mündlich vorgetragen wird[7]. Bei der Abfassung der „Pleadings" handeln die Parteien allein in Erfüllung ihrer Informationspflicht dem Gegner gegenüber und nicht etwa unter dem Gesichtspunkt, den mit der Sache befaßten Richter über den Streitstand in Kenntnis zu setzen[8].

---

1 *Jolowicz*, Fundamental Guarantees, S. 159; *Abel / Bresch*, S. 10; *Odgers*, Pleading, S. 11; vgl. auch Generaldefinition in O. 18 r. 7 (1) RSC.

2 *Odgers*, Principles of Pleading and Practice in Civil Actions; *Bullen & Leake*, *Jacob's*, Precedents of Pleading.

3 *Stephen*, A Treatise on the Principles of Pleading.

4 Zur Rechtsnatur der „Rules of the Supreme Court" (RSC) vgl. *Jolowicz*, Fundamental Guarantees, S. 126.

5 Order 18 - 20 und order 2 RSC.

6 § 137 III ZPO ermöglicht die Bezugnahme auf die Schriftsätze, was in der Praxis des deutschen Zivilprozesses zu einer Einschränkung des Grundsatzes der Mündlichkeit geführt hat. Vgl. *Arens*, S. 24; *Blomeyer*, S. 467.

7 *Abel / Bresch*, S. 11; *Cohn*, Gerichtstag, S. 21; *Cappelletti*, Procédure orale, S. 19; *Hamson*, English Trial, S. 21; *Löwenkamp*, S. 41, 44; *Cohn*, ZZP 73 (1960), S. 324 (326).

8 *Odgers*, Pleading, S. 82; *Löwenkamp*, S. 87; *Cohn*, Gerichtstag, S. 23.

Der englische Zivilprozeß wird von den Parteien beherrscht, so daß die Sammlung des Prozeßstoffes zu ihren Aufgaben zählt; das Gericht tritt in diesem Verfahrensabschnitt grundsätzlich nicht auf[9]. Eine Intervention des „Masters“[10], in dessen Händen der Prozeß bis zum Beginn der mündlichen Verhandlung liegt, kommt nur aufgrund eines entsprechenden Antrags der Parteien in Betracht[11]; unaufgefordert nimmt dieser niemals Kenntnis vom Inhalt der Schriftsätze. Das Gericht würde seinen traditionellen Aufgaben zuwiderhandeln, wenn es sich bereits im Stadium des Schriftsatzwechsels ein Urteil über die Art der Klage bzw. der Verteidigung anmaßte[12]; es stellt auch weder jetzt noch zu einem späteren Zeitpunkt eigene Nachforschungen an, sondern handelt nur aufgrund dessen, was ihm die Parteien auf der Basis der Schriftsätze an Tatsachenmaterial zugänglich machen[13]. Denn zu den Aufgaben und Pflichten des Gerichts gehört nicht die Untersuchung eines privaten Rechtsstreits, sondern allein die Entscheidung spezifischer Streitfragen, die von den Parteien selbst aufgeworfen und dem Gericht zur Entscheidung vorgetragen werden.

A. Aufgabe der „Pleadings“

Die „Pleadings“ dienen, wie überhaupt das gesamte Vorverfahren, der Festlegung der Streitpunkte (issues), die später in der mündlichen Verhandlung bewiesen werden müssen[14]. Darüber hinaus bestimmen die „Pleadings“, wer für eine behauptete Tatsache beweispflichtig ist und in welchem Umfang Beweise zulässig sind[15].

Die Festlegung der „Issues“ bedeutet, daß die Parteien durch den Austausch von Schriftsätzen schließlich den wahren Kernpunkt ihrer Meinungsverschiedenheit selbst herausarbeiten und feststellen sollen. Dies ist das Ideal des klassischen englischen Prozesses. Stephen schreibt in seinem Lehrbuch über die „Pleadings“ zu Beginn des 19. Jahrhunderts[16]:

---

[9] Vgl. *Abel / Bresch*, S. 8, 12, 13.

[10] Zur Stellung des „Masters“ im Vorverfahren vgl. *Bunge*, Richterpersonal, S. 12 ff.; *Odgers*, Pleading, S. 3.

[11] *Löwenkamp*, S. 42; *Curti*, S. 57; vgl. unten § 3 B. II.

[12] *Jacob*, Current Legal Problems 1960, S. 171 (175).

[13] Fallon v. Calvert, [1960] 1 All E.R. 281 (282) C.A.; Esso Petroleum v. Southport Corporation, [1954] 2 All E.R. 561 (574) C.A.

[14] *Odgers*, Pleading, S. 76; *Wilson*, S. 341; *Abel / Bresch*, S. 10; *Bunge*, Richterpersonal, S. 18; *Löwenkamp*, S. 42; *Archibald*, S. 124; *Jacob*, Current Legal Problems 1960, S. 175; *Jacob & Wheatcroft*, S. 13; vgl. auch Thorp v. Holdsworth (1876), 3 Ch. D. 637 (639).

[15] Phillips v. Phillips (1879), 48 L.J.Q.B. 135 (138); vgl auch unten § 4 A.

[16] *Stephen*, Pleading, 7th ed., S. 123, 124.

"By the general course of all other judgments, the parties are allowed to make their statements at large and with no view to the extrication of the precise question in controversy; and it consequently becomes necessary, before the court can proceed to decision, to review, collate and consider the opposed effect of the different statements ... and thus by throwing off all unnecessary matter, to arrive at length at the required selection of the point to be decided. The English law obliges the parties to come to issue; that is to plead as to develop some question by the effect of their own allegetions, and to agree upon this question as the point for the decision in the cause."

Diese Aussage hat heute noch Gültigkeit. Auch im modernen Zivilprozeß gibt es eine Reihe von Vorschriften, die auf dieses Ziel ausgerichtet sind; allerdings führt eine Nichtbeachtung dieser Regeln im Gegensatz zum klassischen englischen Prozeß nicht mehr automatisch zum Verlust der Klage. Für den deutschen Zivilprozeß ist es zwar ebenfalls selbstverständlich, daß die Parteien den Rechtsstreit schriftsätzlich aus eigener Anschauung darlegen[17, 18]; die Regeln für die Anfertigung der „Pleadings", die Aufmerksamkeit, die auf ihre Ausarbeitung verwandt wird sowie die Art und Weise, in der sie das nachfolgende Verfahren beeinflussen, unterscheiden sich im englischen Zivilprozeß aber erheblich von der bei uns geübten Praxis.

Aus den „Pleadings" muß ganz deutlich hervorgehen, inwieweit die Parteien im Hinblick auf die vorgetragenen Tatsachen übereinstimmen bzw. hinsichtlich welcher Tatsachen sie unterschiedlicher Auffassung sind[19]. Die Festlegung der Streitpunkte findet also nicht erst in der Hauptverhandlung statt, sondern eine Einigung darüber muß schon vorher zwischen den Parteien erfolgen[20]. Die Parteien sind dazu angehalten, ihre beabsichtigten Argumente so früh und so genau wie möglich aufzudecken, so daß eine Auseinandersetzung über nicht wirklich Streitiges vermieden wird[21]. Damit soll erreicht werden, daß der Streitfall erst dann zur mündlichen Hauptverhandlung gelangt, wenn er im Vorverfahren so gründlich vorbereitet ist, daß das Urteil nach einer in einem Zuge durchgeführten mündlichen Verhandlung gesprochen werden kann[22].

Die Festlegung der Streitpunkte in den „Pleadings" hat zum Ziel, daß die Parteien in der Hauptverhandlung vor Überraschungen ge-

---

17 Vgl. §§ 129 ff. ZPO.

18 Wobei im deutschen Zivilprozeß die Information des Gerichts und nicht des Gegners im Vordergrund steht.

19 *Odgers*, Pleading, 1st ed., S. 2; *Archibald*, S. 124; 1st Report of Commissioners Parlt. Papers 1851 XXII, S. 567/11.

20 *Baker*, S. 84; *Sutton*, S. 195.

21 *Odgers*, Pleading, S. 77.

22 *Amos*, Cambr.L.J. 2 (1926), S. 340 ff. (348); *Löwenkamp*, S. 42; *Abel/Bresch*, S. 10, 11.

sichert sind. Der Kläger soll die Fakten kennen, auf die der Beklagte seine Verteidigung aufbauen wird und umgekehrt soll der Kläger keine Tatsachen im mündlichen Termin darlegen können, die er nicht zuvor im Schriftsatz angekündigt hat[23], so daß die Parteien wissen, was sie in der mündlichen Verhandlung beweisen müssen[24]. Die dort angebotenen Beweise dürfen daher grundsätzlich nicht über die in den „Pleadings" enthaltenen Behauptungen hinausgehen[25]. Die Parteien haben so Gelegenheit, ihre Prozeßaussichten zu prüfen, bevor das mündliche Verfahren beginnt[26]. Der Schriftsatzwechsel erlaubt also schon im Vorverfahren eine genaue Schlüssigkeits- und Erheblichkeitsprüfung.

Die Gestaltung der „Pleadings" erfuhr in der historischen Entwicklung grundlegende Änderungen[27]. An dem Grundsatz, daß sie der Festlegung der „Issues" dienen, hat sich jedoch über Jahrhunderte hinweg nichts geändert[28]. Dieses typische Merkmal der englischen Schriftsätze kann nur rechtsgeschichtlich erklärt werden[29]. Ihre heutige Gestalt haben die „Pleadings" im Zuge umfangreicher Reformen des Prozeßrechts im vergangenen Jahrhundert erhalten, die ihren vorläufigen Abschluß in den „Judicature Acts" von 1873[30] und 1875[31] fanden. Das formelle Recht wurde durch diese Gesetzgebung völlig umgestaltet mit dem Ergebnis, daß das Prozeßrecht und das Recht der „Pleadings" ein neues System darstellten[32], wobei man aber die historische Kontinuität wahrte.

B. Die „Pleadings" in der historischen Entwicklung

Vor den Reformen des 19. Jahrhunderts bildete die Kenntnis von der Wissenschaft der „Pleadings" das Grundwissen für den Juristen des „Common Law"[33]. Es gab Abhandlungen, die sich ausschließlich mit den Besonderheiten bestimmter „Pleadings" beschäftigten[34]. Die Methode

---

23 *Archibald*, S. 124; Phillips v. Phillips, a.a.O. 139.

24 *Jacob*, Current Legal Problems 1960, S. 176.

25 *Odgers*, Common Law, S. 544; Supreme Court Practice, 18/8/1; *Radcliffe & Cross*, S. 315; Phillips v. Phillips, a.a.O. 138; Davie v. New Merton Board Mills Ltd, [1956] 1 All E.R. 379 (380, 381).

26 *Odgers*, Pleading, S. 77; *Reynold*, S. 107.

27 *Holdsworth*, Legal History, vol. IX, S. 328.

28 *Odgers*, Pleading, 1st. ed., S. 3, 4.

29 *Holdsworth*, Legal History, vol. III, S. 628.

30 36 & 37 Victoria (1873) c. 66.

31 38 & 39 Victoria (1875) c. 77.

32 *Holdsworth*, Legal History, vol. XV, S. 103.

33 *Baker*, S. 78, 79.

34 *Stephen*, A Treatise on the Principles of Pleading; *Chitty*, A Practical Treatise on Pleading.

für die Gestaltung der Schriftsätze hatte sich unter dem Einfluß der Richter und der Schriftsatzverfasser über Jahrhunderte hinweg zu einer speziellen Wissenschaft entwickelt, welche einen eigenen Standort innerhalb des Prozeßrechts einnahm[35]. Darüber hinaus hatten die vorbereitenden Schriftsätze bis in das vergangene Jahrhundert hinein nicht nur Informationscharakter, sondern sie übten zugleich größten Einfluß auf das materielle Recht aus, *„they were Lord and Master“*[36].

I. Mängel im System der „Pleadings“

Die Parteien hatten bei der Abfassung der „Pleadings“ die verschiedensten Hürden zu überwinden, um einen Schriftsatz zu entwerfen, der im nachfolgenden Verfahren nicht beanstandet werden konnte.

1. Verflechtung von Prozeßrecht und materiellem Recht

Für die klägerische Partei wurden die „Pleadings“ dadurch kompliziert, daß es in England ein geschlossenes Klagensystem (Forms of Action) gab, das mit dem alten römisch-rechtlichen Aktionensystem vergleichbar war[37]. Bei den „Forms of Action“ handelte es sich um die technische Methode der Gestaltung des „Writ“, d. h. der Einleitung des Verfahrens durch eine bestimmte Klage, sowie der „Pleadings“[38].

Die Hauptaufgabe des englischen Juristen lag bis in das 19. Jahrhundert hinein darin, die richtige Form der Klage zu wählen[39]. Die „Forms of Action“ waren das Kernstück des englischen Rechts[40]. Sie enthielten eine eigenartige Mischung aus materiellem Recht und Prozeßrecht[41]. Diese Verflechtung des materiellen Rechts mit dem Prozeßrecht stellte einen der größten Defekte des „Common Law“ dar[42]. Die Regeln für die Anfertigung der „Pleadings“ hingen mit dem Aktionensystem aufs engste zusammen[43]. Es genügte nicht, daß der Kläger die Tatsachen, auf die er seinen Fall zu stützen beabsichtigte, in eigenen Worten verständlich schilderte, sondern er mußte zugleich die rechtliche Einord-

[35] *Stephen*, Commentaries, vol. III, S. 572.

[36] *Millar*, The Old Regime, S. 211.

[37] *Peter*, Röm. Recht, S. 89; *Millar*, The Old Regime, S. 210; *ders.*, Trial Court, S. 32; *Pollock & Maitland*, vol. II, S. 558, 559; *Stephen*, Pleading, 1st ed., S. 8.

[38] Law Commissioners, 1st. Report Parlt. Papers 1851 XXII, S. 567/32.

[39] *Schmitthoff*, JZ 1972, S. 40; *Baker*, S. 78.

[40] *Millar*, The Old Regime, S. 210; *Plucknett*, History, S. 354/381.

[41] *Potter*, S. 293; *Baker*, S. 78; *Plucknett*, History, S. 381; *Millar*, Trial Court, S. 4.

[42] *Walker & Walker*, S. 28.

[43] *Holdsworth*, Legal History, vol. IX, S. 310, 333.

nung seines Anspruchs selbst vornehmen[44]. Dabei wurde die Ausdrucksweise von der Form der Klage diktiert, die der Kläger zur Durchsetzung seines Anspruchs gewählt hatte[45].

a) Die Bedeutung des „Writ“ im „Common Law“

Der Kläger mußte seine Klage mit einem „Writ“ einleiten, was keine leichte Aufgabe war[46]. Das gesamte nachfolgende Verfahren hing davon ab, welche Form der Klage gewählt worden war. Sie bestimmte, wie der Beklagte zum Erscheinen gezwungen werden konnte; auch die Art der Vollstreckung war von der gewählten Klage abhängig. Verschiedene Gerichte urteilten über verschiedene Klageformen, so daß auch die Wahl des zuständigen Gerichts in engem Zusammenhang mit der betreffenden „Form of Action“ stand[47].

Vor den Reformen des 19. Jahrhundert bekam ein Kläger nur dann Rechtsschutz, wenn das beklagte Unrecht unter einen der vorhandenen „Writs“ subsumiert werden konnte[48]. Ansonsten konnte keine Klage erhoben werden, so daß die Durchsetzung des Anspruchs ausgeschlossen war, so schutzwürdig dieser auch erscheinen mochte[49].

Dieses Aktionensystem hatte eine jahrhundertealte Tradition. Im 11. und 12. Jahrhundert wurden erstmals „Writs“ herausgegeben. Unter gewissen Voraussetzungen konnte eine rechtsuchende Person königliche Hilfe erlangen, die darin bestand, daß der König einen seiner Feudalherren in einem Schreiben (breve = writ) anwies, einen bestimmten Beklagten vorzuladen und den Streitfall in Gegenwart der Parteien zu verhandeln[50]. In der zweiten Hälfte des 12. Jahrhunderts erweiterte man die Herausgabe solcher „Writs“ erheblich. Aus Vereinfachungsgründen wurden für häufiger auftretende Ansprüche gleichlautende „Writs“ herausgearbeitet[51]. Wenn ein Anspruch nicht unter einen der vorhandenen „Writs“ paßte, wurde ein neuer geschaffen[52]. Da mit den „Writs“ die Durchsetzung des Rechts gefördert, nicht aber eingeengt werden sollte, gab es so viele „Writs“ wie denkbare Ansprüche[53]. Der Kläger mußte

---

44 *Odgers*, Pleading, 1st. ed., S. 11; *Maitland*, Forms of Action, S. 1; *Schuster*, S. 90.

45 *Millar*, Pleading, vol. I, S. 14.

46 *Millar*, The Old Regime, S. 210; *Potter*, S. 299; *Maitland*, Forms of Action, S. 1; *ders.*, Lectures, S. 298; *Holdsworth*, Legal History, vol. II, S. 512.

47 *Holdsworth*, Legal History, vol. II, S. 521.

48 *Schmitthoff*, S. 40.

49 *Baker*, S. 87; *Maitland*, Forms of Action, S. 4; *Holdsworth*, Legal History, vol. IX, S. 248.

50 *Potter*, S. 294; *Maitland*, Forms of Action, S. 16.

51 *Maitland*, Forms of Action, S. 17.

52 *Baker*, S. 80; *Millar*, The Old Regime, S. 211; *Plucknett*, History, S. 354.

53 *Maitland*, Forms of Action, S. 6; *Plucknett*, History, S. 354.

also entweder sehen, daß sich sein Anspruch in das „Writ"-System einfügte, oder er mußte um die Schaffung eines neuen „Writs" nachsuchen. Da die „Writs" nicht als geschlossenes System konzipiert waren, konnten sie den individuellen Wünschen nach Gerechtigkeit angepaßt werden[54].

Seit den „Provisions of Oxford" im Jahre 1258 wurde die Möglichkeit, neue „Writs" zu schaffen, erheblich erschwert[55]. Eine weitere Entwicklung konnte fortan nur auf die bestehenden „Writs" gestützt werden. Das 2. „Statute of Westminster"[56] ermöglichte allerdings die Zulassung einer Klage, wenn ein Tatbestand einem der bereits vorhandenen „Writs" ähnlich genug war, ohne völlig mit ihm übereinstimmen zu müssen[57].

Bei den Klagen unterschied man so im Laufe der Zeit solche, die der Eigentümer auf Herausgabe des Grundeigentums erheben konnte (real actions), schuldrechtliche Klagen, die die Eintreibung von Schulden bzw. die Erlangung vermögenswirksamer Gegenstände sowie die Zahlung von Schadensersatz zum Inhalt hatten (personal actions) und schließlich sogenannte „mixed Actions", die auf Herausgabe von Grundeigentum gingen und zugleich wegen einer Beeinträchtigung des Grundeigentums auf Schadensersatz gerichtet waren[58]. Die „real actions" und „mixed actions" verloren im Laufe der Zeit an Bedeutung, weil die schuldrechtlichen Klagen so ausgeweitet wurden, daß sie teilweise deren Platz einnahmen[59].

Bei den schuldrechtlichen Klagen waren am gebräuchlichsten[60] die Klage auf Erfüllung bzw. auf Schadensersatz wegen Bruchs eines gesiegelten Vertrages (covenant), Klage auf Schadensersatz wegen Nichterfüllung eines einfachen Vertrages (assumpsit), Klage auf Erfüllung eines Vertrages (debt), Herausgabeklage (detinue), Klage auf Schadensersatz (trespass), Klage auf Beseitigung mittelbarer Schäden, die in einem ursächlichen Zusammenhang mit einem unrechtmäßigen Akt des Beklagten standen; letztere ist die Klagform gewesen, die in all den Fällen einen Ausgleich zu schaffen suchte, in denen keine der übrigen Klageformen paßte[61] (case).

---

[54] *Maitland*, Forms of Action, S. 5; *Pollock & Maitland*, vol. I, S. 196, vol. II, S. 564.

[55] *Potter*, S. 296.

[56] Statute of Westminster 2, 13 Edward I c. 24, § 13 (1285).

[57] *Blackstone*, S. 51; *Potter*, S. 305.

[58] *Walker & Walker*, S. 18.

[59] *Walker & Walker*, S. 23; *Stephen*, Pleading, 7th ed., S. 19.

[60] Vgl. 1st. Report of Commissioners Parlt. Papers 1851 XXII, S. 567/31.

[61] *Stephen*, Pleading, 7th ed., S. 12.

Die Zulassung neuer „Writs“ in „consimili casu“ ermöglichte zwar eine Weiterentwicklung des englischen Vertrags- und Deliktsrechts; die Nachteile, die sich aus der Begrenzung der Klageformen insbesondere auch für den Zivilprozeß im allgemeinen und für die Anfertigung der „Pleadings“ im besonderen ergaben, waren aber auf die Dauer so schwerwiegend, daß sie neuzeitlichen Anforderungen nicht mehr gerecht werden konnten.

b) Fiktionen

Es tauchten Streitfragen auf, die nicht im entferntesten — auch nicht bei weiter Auslegung der vorhandenen „Writs“ — in das Aktionensystem paßten. Da sich die Richter scheuten, das gewachsene Recht ausdrücklich zu umgehen, war die einzige Möglichkeit, für solche Streitfragen eine angemessene Entscheidung zu treffen, die Schaffung rechtlicher Fiktionen[62]. Auf diese Weise konnten Klagen zugelassen werden, die das traditionelle Recht nicht kannte. Kennzeichnend für diese Fiktionen war, daß die darin enthaltenen Behauptungen nicht stimmten, was jeder wußte, der Gegner ihnen aber nicht widersprechen durfte[63]. Diesen Fiktionen mußten sich die Parteien in ihren „Pleadings“ bei der Formulierung der Angriffs- und Verteidigungsmittel anpassen, was zu einer weiteren Komplizierung führte. So hatte der Kläger bei Klagen, in denen „Trespass“[64] die richtige Klageform war, darzulegen, daß die Tat unter Waffengewalt begangen worden war, wenngleich in Wirklichkeit lediglich ein widerrechtlicher Angriff vorzuliegen brauchte[65]. In einer „Action of Trover“[66] mußte behauptet werden, daß der Beklagte die Sache gefunden habe[67], weil diese Form der Klage ursprünglich für Fälle geschaffen worden war, die sich gegen den unredlichen Finder richteten; tatsächlich genügte aber ein unrechtmäßiger Besitzentzug.

Ein besonders eindrucksvolles Beispiel für eine rechtliche Fiktion war die „Action of Ejectment“[68]. Mit dieser Klage konnte die Herausgabe von Immobilien bzw. die Beseitigung einer Besitzstörung gefordert werden[69]. Ursprünglich stand die Klage nur demjenigen zu, der aus

---

62 *Odgers*, Common Law, S. 53; *Maine*, S. 26, 31; *Holdsworth*, Legal History, vol. IX, S. 247; *Millar*, Trial Court, S. 7; *Kiralfy*, S. 9; *Walker & Walker*, S. 28; *van Veeder*, S. 731; *Bentham*, works vol. VII, S. 283 ff.

63 *Maine*, S. 25, 26.

64 Die „Action of Trespass“ griff ein in Fällen, in denen der Kläger einen unmittelbaren Schaden erlitten hatte.

65 *Stephen*, Pleading, 7th ed., S. 11, 12; *Walker & Walker*, S. 21; *Schmitthoff*, S. 39.

66 Vgl. *Stephen*, Pleading, 7th ed., S. 14.

67 *Blackstone*, S. 152; *Deans*, S. 146; *Bentham*, book VIII, S. 278.

68 *Cole*, S. 2.

69 *Walker & Walker*, S. 23; *Stephen*, Pleading, 7th ed., S. 19.

seinem, ihm für eine bestimmte Anzahl von Jahren übertragenen Besitz vertrieben worden war und deswegen Schadensersatz verlangte[70]. Die Gerichte sprachen aber im Laufe der Zeit nicht bloß Schadensersatz für den Besitzentzug zu, sondern der Besitzer konnte später mit der „Action of Ejectment" auch die Herausgabe des Besitzes fordern[71]. Da die Eigentums- und Besitzklagen (real actions) des wirklichen Eigentümers mit veralteten technischen Regeln angehäuft waren, versuchte man diese Klagen zu umgehen und stattdessen die „Action of Ejectment" auch zur Durchsetzung der aus dem Eigentum resultierenden Ansprüche zu benutzen[72]. Dies geschah durch die Einführung imaginärer Personen — John Doe und Richard Roe. In einer Klage, in der A als Eigentümer Herausgabe eines Grundstücks von B verlangte, lautete die Bezeichnung der Parteien in der Klagschrift: Doe als Pächter von A gegen Roe[73]. In der Klagebegründung mußte behauptet werden, daß A das Grundstück Doe verpachtet und ihm überlassen habe und dieser von Roe aus seinem Besitz vertrieben worden sei[74]. Auf der Klagschrift befand sich eine zusätzliche Anzeige, in der man Roe erklären ließ, daß er nicht die Absicht habe, sich gegen die Klage zu verteidigen, er aber dem B rate, vor Gericht zu erscheinen, um die Rolle des Beklagten zu übernehmen, andernfalls B damit zu rechnen habe, daß er aufgrund einer Versäumnisentscheidung aus dem Besitz ausgewiesen werde[75]. Damit rückte B auch äußerlich in die Position des Beklagten ein. In seiner Verteidigung durfte er nur das Eigentums- und Besitzrecht des A bestreiten, nicht aber die fiktiven Vorgänge zwischen A und Doe bzw. Doe und Roe[76]. Auf diese Weise wurde nach außen die Form gewahrt und die Regel eingehalten, wonach die „Action of Ejectment" nur dem Mieter oder Pächter bzw. sonst einer Person zustand, die auf Zeit im Besitz eines Grundstücks war.

c) Schwierigkeit der Abgrenzung einzelner Klagen

Hatte sich der Kläger einmal für eine bestimmte Form der Klage entschieden, war sein Entschluß unwiderruflich[77]. Dies hatte für den Kläger seine Tücken; denn die richtige Klage auszuwählen, war häufig

---

[70] *Stephen*, S. 19.

[71] *Blackstone*, S. 200, 201; *Pound*, Readings, S. 357; *Maitland*, Forms of Action, S. 57; *Cole*, S. 2.

[72] *Odgers*, Century of Law Reform, S. 216 Anm. 1; *Maitland*, S. 57; *Blackstone*, S. 196, 197.

[73] Vgl. *Walker & Walker*, S. 23.

[74] *Odgers*, Century of Law Reform, S. 214.

[75] Zur Darstellung der „Action of Ejectment" vgl. *Odgers*, Century of Law Reform, S. 214 ff.

[76] *Cole*, S. 2.

[77] *Maitland*, Forms of Action, S. 4.

recht schwierig, weil oft nur vordergründige Unterschiede zwischen den einzelnen „Forms of Action“ bestanden[78].

Solche feinen Nuancen gab es beispielsweise zwischen „Trespass“ und „Trespass on the Case“. Mit der ersten Klage konnte der Kläger Ersatz für einen unmittelbaren widerrechtlichen Angriff in seine Rechtsstellung verlangen, der mit Gewalt und unter Verletzung des Friedens erfolgt war[79]. Eine Klage wegen „Trespass on the Case“ war möglich, wenn die Behauptung „vi et armis“ ausgelassen wurde und dem Beklagten der Vorwurf der Fahrlässigkeit gemacht werden konnte[80].

So einleuchtend diese Unterscheidung in der Theorie klingen mag, so wenig zuverlässig erwies sie sich doch in der Praxis, was folgender Fall verdeutlicht[81]:

> Der Beklagte warf Sprengkörper auf einen Marktplatz. A, um zu verhindern, daß der Sprengkörper ihn bzw. sein Eigentum verletzte, nahm ihn und schleuderte ihn weiter; desgleichen tat B. Schließlich landete der Sprengkörper beim Kläger, wo er erheblichen Schaden anrichtete.

Die rechtliche Beurteilung dieses Falles war unter den vier Richtern umstritten. Einer von ihnen wollte die Klage wegen „Trespass“ abweisen, weil es sich nicht um einen unmittelbaren Schaden, sondern um einen Folgeschaden gehandelt habe, so daß die „Action on the Case“ anwendbar gewesen wäre. Die anderen Richter ließen zwar die gewählte Klage zu, ohne aber eine auch für spätere Fälle geltende verläßliche Begründung zu geben. Wenngleich hier eine Entscheidung zugunsten des Klägers getroffen wurde, gab es doch genügend Fälle, in denen der Kläger nur deswegen unterlag, weil er die falsche Bezeichnung für seine Klage gewählt hatte[82].

Schwierigkeiten konnten sich auch bei der Auswahl der Klagen „Detinue“ und „Trover“ ergeben. Kernpunkt beider Klagen war, daß dem Eigentümer sein persönliches Eigentum widerrechtlich vorenthalten wurde[83]. Der Unterschied lag lediglich in der Rechtsfolge, mit der „Action of Detinue“ konnte das Eigentum selbst zurückverlangt werden, während die andere Klage nur auf Wertersatz oder Schadensersatz ging[84]. Stellte sich erst im Verfahren heraus, daß die Sache, um deren

---

78 3rd. Report of Commissioners Parlt. Papers 1831, vol. X, S. 375/7 und Parlt.Papers 1851, vol. XXII, S. 567/33.

79 *Stephen*, Pleading, 7th ed., S. 11.

80 *Schmitthoff*, S. 40.

81 Scott v. Shephard (1773), 2 W M. Bl. 892 = 96 E.R. 525.

82 *Holdsworth*, Legal History, vol. IX, S. 248.

83 *Millar*, Pleading, vol. I, S. 28, 31; *Sutton*, S. 49; Clayton v. Le Roy, [1911] 2 K.B. 1031 = All E.R. 284 (289) C.A.

84 *Blackstone*, S. 152; Sutton, S. 49.

Herausgabe es ging, aus irgendeinem Mißgeschick untergegangen oder verlorengegangen war, unterlag der Kläger mit der „Action of Detinue“, da er die Klage nicht umstellen durfte[85]. Der Kläger hatte die Kosten des Verfahrens zu tragen und konnte dann eine neue Klage einleiten. Mit einem solchen Mißgeschick war stets zu rechnen, wenn die Klagebegründung nur geringfügig von dem Ergebnis der Beweisaufnahme abwich[86]. Dies galt nicht nur im Hinblick auf Abweichungen im tatsächlichen Bereich, sondern auch dann, wenn sich im Verfahren ergab, daß unter rechtlichen Gesichtspunkten eine andere als die gewählte Klageform richtig gewesen wäre. Die Parteien stellten daher ihre Begründungen unter verschiedenen rechtlichen Gesichtspunkten dar in der Hoffnung, daß die Schriftsätze dann wenigstens in einem Punkt mit dem Ergebnis der Beweisaufnahme übereinstimmten[87].

Bei der Wahl der Klageform in den Schriftsätzen gab es somit eine Anzahl von Fehlerquellen. Aber nicht allein die Verflechtung von materiellem Recht und Prozeßrecht führte dazu, die Kenntnis der Regeln für die Anfertigung der „Pleadings“ zu einer komplizierten Rechtsmaterie zu machen. Hinzu kam noch, daß die Schriftsatzverfasser eine Fülle formaler Vorschriften zu beachten hatten, die darauf abzielten, daß die Parteien dazu gezwungen waren, möglichst schnell eine Streitfrage herauszuarbeiten.

2. *Einzelne Schriftsatzregeln und deren Mängel*

Die Festlegung einer einzigen Streitfrage in einer präzisen Form gab den Anstoß für die Schaffung der Hauptregeln zur Anfertigung der Schriftsätze. Viele dieser Regeln stammten aus einer Zeit, als die „Pleadings“ noch mündlich vor Gericht vorgetragen werden mußten[88]. Mit Einführung der schriftlichen „Pleadings“ im 16. Jahrhundert wurden aber die Regeln für deren Inhalt und Ausgestaltung nicht der veränderten Praxis angepaßt[89]. Die Anforderungen an Präzision und an die Einhaltung von Formalien waren harmlos, solange die „Pleadings“ noch mündlich und in Anwesenheit des Gerichts erfolgten, so daß jede Außerachtlassung der Regeln sofort korrigiert werden konnte[90]. Mit der Einführung der Schriftform wurde es für die Parteien bzw. die Schriftsatzverfasser sehr viel schwieriger, verhängnisvolle Irrtümer zu ver-

85 *Maitland*, Forms of Action, S. 4; *Peter*, Action und Writ, S. 37, 38.

86 *Pound*, Readings, S. 371; *Kiralfy*, S. 33.

87 *Pound*, Readings, S. 374; *Blackstone*, S. 295.

88 *Holdsworth*, Legal History, vol. III, S. 634, 635; *Stephen*, 7th ed., S. 30; *Blackstone*, S. 293.

89 Parlt. Papers 1851, vol. XXII, S. 567/19; *Holdsworth*, Legal History, vol. IX, S. 308; *ders.*, Development, S. 614 (623); *Millar*, Pleading, vol. I, S. 9.

90 *Holdsworth*, Development, S. 626; *Jenks*, S. 358.

meiden, denn die Gerichte entschieden erst nach Abschluß des Schriftsatzwechsels anläßlich der mündlichen Verhandlung über Formfehler. Falls ein solcher bejaht wurde, war er in der Regel nicht mehr zu verbessern und führte zum Verlust der Klage[91].

Zu Beginn des 19. Jahrhunderts gab es eine Vielzahl von Formvorschriften, auf deren Befolgung größter Wert gelegt wurde[92]. Um zu gewährleisten, daß nach Beendigung des Austausches der Schriftsätze auch wirklich nur eine Streitfrage tatsächlicher oder rechtlicher Art zur Entscheidung stand, mußten die Ausführungen in den „Pleadings“ bestimmten Anforderungen genügen. Es war genau vorgeschrieben, in welcher Form der Kläger seine Klage zu begründen hatte und welche Formalien der Beklagte zu beachten hatte, um dem klägerischen Angriff begegnen zu können.

a) Der Zwang zur Bestimmtheit

Der Inhalt der Schriftsätze mußte einmal bestimmt und präzise sein. Soweit es Ziel dieser Vorschrift war, daß die Schriftsätze sorgfältig entworfen werden sollten und sich mit jeder behaupteten und bestrittenen Tatsache auseinanderzusetzen hatten, ist die Regelung auch noch im geltenden englischen Prozeßrecht wiederzufinden[93].

Allerdings verlangte der Zwang zur Bestimmtheit (certainty) insbesondere vom Kläger auch eine genaue Darlegung von Zeit, Ort, Umfang und anderen Details, selbst wenn diese Umstände für die Wahrheitsfindung bzw. für die zu treffende Entscheidung keinerlei Bedeutung hatten[94]. Die so gemachten Behauptungen durften falsch sein, wichtig war nur, daß sie präzise waren[95]. In der Praxis hatte es sich als unmöglich erwiesen, die Parteien zum Beweis dieser Tatsachen zu zwingen, weswegen ein Kompromiß gefunden werden mußte[96]. Stellte ihnen der Schriftsatzverfasser ein sogenanntes „Videlicet“[97] voraus, wurde die Richtigkeit der Behauptung unterstellt. So zwang man die Parteien zur Aufstellung nutzloser Erklärungen, weil deren Weglassen zum Verlust der Klage führen konnte[98].

---

[91] Parlt. Papers 1851, vol. XXII, S. 567/19; *Walker & Walker*, S. 26; *Holdsworth*, Legal History, vol. IX, S. 308; *van Veeder*, S. 730 (731).

[92] *Holdsworth*. Legal History, vol. IX, S. 263; *Sutton*, S. 194.

[93] O. 18 rr. 6, 8 RSC.

[94] Vgl. das Beispiel bei *Holdsworth*, Legal History, vol. IX, S. 319.

[95] *Bentham*, book VIII ch. XVI, § 2, in works, vol. VII, S. 276, 277.

[96] *Stephen*, Pleading, 5th ed., S. 331; *Holdsworth*, S. 319.

[97] Zur Bedeutung vgl. *Millar*, Pleading, vol. I, S. 69.

[98] 1st Report of Commissioners, Parlt.Papers 1851, S. 567/18.

b) „General Issue"

Während von dem Kläger einerseits eine ganz präzise Darstellung verlangt wurde, war es andererseits — in bedeutendem Maße etwa seit dem 18. Jahrhundert[99] — zulässig, daß der Beklagte die klägerischen Behauptungen nur allgemein bestritt (general issue), indem er z. B. auf eine Klage wegen Lieferung von Waren kurz antwortete, daß er nichts schulde[100]. Auf diese Weise konnten nicht nur rechtliche, sondern auch tatsächliche Gesichtspunkte bestritten werden[101]. Dies stellte für den Beklagten eine ungeheure Erleichterung dar; denn ansonsten konnte er den klägerischen Behauptungen nur im Wege des sogenannten „special plea" begegnen, bei dem genau vorgeschriebene Förmlichkeiten zu beachten waren. Ähnlich wie die Wahl der unrichtigen Klageform zum Verlust der Klage führen konnte, konnte der Beklagte unterliegen, wenn er die verkehrte Verteidigungsart wählte.

Die Möglichkeit des „general issue" war aber insofern fragwürdig, als sie keinerlei Information für den Gegner enthielt. Der prozeßrechtliche Vorteil des „general issue" lag darin, daß es nicht zu endlosen Verzögerungen bei der Urteilsfindung kam[102]; denn ein spitzfindiger Gegner fand in den „special pleadings" immer wieder formale Mängel, was zu Verzögerungen bei der Rechtsfindung führte. Aus diesem Grunde gingen die Gerichte mehr und mehr dazu über, das generelle Bestreiten zuzulassen[103].

c) Die einzelnen Verteidigungsmöglichkeiten

Wählte der Beklagte nicht den Weg des „general issue", hatte er sich zunächst zu entscheiden, ob er dem klägerischen Vorbringen unter rechtlichen Aspekten oder im Hinblick auf die angeführten Tatsachen begegenen wollte. Es war dem Beklagten also nicht möglich, eine Tatsache zu bestreiten und gleichzeitig ihre Erheblichkeit unter rechtlichen Gesichtspunkten in Frage zu stellen. Einwendungen in rechtlicher Hinsicht enthielten infolgedessen immer ein Eingeständnis, daß die vorgetragenen Tatsachen richtig seien[104]. Der Schriftsatzverfasser mußte sich daher genau überlegen, welche von mehreren Verteidigungsmöglichkeiten schwächer war als die andere, um diese zugunsten einer stärkeren fallenzulassen.

---

99 *Blackstone*, S. 305, 306.

100 *Walker & Walker*, S. 26; *Holdsworth*, Legal History, vol. IX, S. 270.

101 *Holdsworth*, S. 271, 319.

102 *Holdsworth* in Cambr.L.J. 1 (1923), S. 261 (266); *Bentham*, book VIII ch. XVI, § 2, works, vol. VII, S. 274.

103 *Blackstone*, 305, 306.

104 *Stephen*, Pleading, 5th ed., S. 155, 156; *Radcliffe & Cross*, S. 317.

Die rechtliche Beanstandung des klägerischen Schriftsatzes (demurrer)[105] konnte sowohl auf materiellen als auch auf formalen Gründen beruhen. Dieses Verteidigungsmittel enthielt eine vorgezogene Schlüssigkeitsprüfung. Es schloß alle anderen Arten der Verteidigung aus, so daß die Partei, zu deren Ungunsten der „Demurrer“ ausfiel, unweigerlich den Prozeß verlor[106].

Wollte der Beklagte sich gegen die vorgetragenen Tatsachen wehren, mußte er entweder alle klägerischen Behauptungen oder doch zumindest die wesentlichen bestreiten (traverse), oder er mußte den Behauptungen des Klägers zustimmen und gleichzeitig, um eine für den Beklagten ungünstige Beurteilung zu verhindern, neue Behauptungen aufstellen (confession and avoidance). Eine Partei zu zwingen, aus bloßem Formalismus, einem beachtlichen Teil des gegnerischen Vortrags zuzustimmen, war offensichtlich ungerecht, was im Zuge der Reformdiskussionen im 19. Jahrhundert daher auch auf besondere Kritik stieß.

d) Verbot der doppelten Begründung

Damit bei Abschluß des Schriftsatzwechsels auch tatsächlich nur ein einziger Streitpunkt übrigblieb, der vom Gericht entschieden werden mußte, gab es ferner das Verbot der doppelten Begründung. Es verhinderte, daß eine Partei ihren Anspruch bzw. ihre Verteidigung auf zwei Gründe stützten konnte (rule against duplicity)[107]. So durfte sich der Beklagte nicht gleichzeitig damit verteidigen, daß er den klägerischen Anspruch erfüllt habe und daß die Forderung des Klägers ohnehin verjährt sei[108]. Die „Rule against Duplicity“ war auch der Grund dafür, daß zwei Ansprüche grundsätzlich nicht in einer Klage verbunden werden durften[109], es sei denn, daß sie zu derselben Klageform gehörten[110]. So konnte der Kläger nicht eine Klage wegen Bruchs eines gesiegelten Vertrages mit einer Klage wegen Bruchs eines einfachen Vertrages verbinden, da zwei verschiedene Klageformen vorlagen[111]. Auch wenn durch eine natürliche Handlung mehrere rechtliche Tatbestände erfüllt waren, z. B. ein Herausgabeanspruch (action of detinue), ein vertraglicher Schadensersatzanspruch (assumpsit) sowie ein deliktsrechtlicher Regreßanspruch (trespass), mußte der Kläger drei Klagen

---

105 Abgeleitet vom lateinischen „demorari“, was soviel wie warten bedeutet.

106 *Holdsworth*, Legal History, vol. IX, S. 266.

107 *Sutton*, S. 196.

108 *Stephen*, Pleading, 5th ed., S. 286, 287; Report of Commissioners Parlt. Papers 1851, vol. XXII, S. 567/19.

109 *Millar*, Pleading, vol. II, S. 85; *Kiralfy*, S. 34.

110 *Schmitthoff*, S. 40; *Bowen*, Survey, S. 286; *Odgers*, Century of Law Reform, S. 213.

111 *Odgers*, Century of Law Reform, S. 213.

erheben[112]. Auf der anderen Seite war eine Klagehäufung bei völlig verschiedenen Ansprüchen zulässig. Der Kläger konnte in einer einzigen Klage Schadensersatz wegen unerlaubter Handlung wegen Verführung seiner Tochter, für die Verletzung eines Patentrechts, für eine Gesundheitsbeeinträchtigung sowie für eine verleumderische Behauptung verlangen, da alle Ansprüche zu derselben Klageform „Trespass" gehörten[113].

e) „Rule against Argumentativeness"

Der möglichst schnellen Herausarbeitung einer Streitfrage diente auch die „Rule against Argumentativeness"[114]. Von den Parteien wurde verlangt, alle positiv behaupteten Tatsachen mit einer ausdrücklich negativen Erwiderung zu beantworten. Das bedeutete, daß die Festlegung der Streitpunkte nicht einer auch noch so nahe liegenden Schlußfolgerung überlassen bleiben durfte. Das Hauptbeispiel liegt darin, daß eine Partei nur folgewidrige Umstände darlegte, die sich aber ebensogut eigneten, den Anspruch zu entkräften[115]. In einer Klage auf Zahlung für die Lieferung von Waren konnte daher der Beklagte nicht einfach darlegen, daß ein ihm diesbezüglich gewährter Kredit noch nicht abgelaufen sei. Die Einbringung folgewidriger Tatsachen durfte nur im Wege eines sogenannten „special traverse" erfolgen, für deren Anfertigung besondere Regeln zu beachten waren[116].

f) Ergebnis

Eine Anzahl der auf Herausarbeitung der Streitfragen in den „Pleadings" gerichteten Regeln bedurfte dringend der Reform. Die Industrialisierung hatte einmal eine ständig steigende Zahl der Prozesse zur Folge. Zum anderen mußten Sachverhalte entschieden werden, die es im vorindustriellen Zeitalter nicht gab. Das überkommene Prozeßrecht konnte dieser Entwicklung nicht gerecht werden.

> "At a moment when the pecuniary enterprises of the Kingdom were covering the world, when railways at home and steam upon the seas were creating everywhere new centres of industrial and commercial life, the Common Law Courts seemed constantly occupied in the discussion of the merest legal conundrums which bore no relations to the merits of any controversies except those of pedants, and in the direction of a machinery that belonged already to the past[117]."

---

[112] Verbunden werden konnten nur die Klagen „Debt" und „Detinue" sowie „Action on the Case" und „Trover", die einen Unterfall der „Action on the Case" darstellte.

[113] Parlt. Papers 1851, vol. XXII ,S. 567/32.

[114] *Reeves*, vol. II, S. 625, 627; *Holdsworth*, Legal History vol. IX, S. 289.

[115] Vgl. *Rüttimann*, S. 153; *Holdsworth*, vol. IX, S. 288, 289.

[116] *Holdsworth*, vol. IX, S. 288, 289.

[117] *Bowen*, Survey, S. 285.

Theoretisch waren die Vorschriften zur Festlegung der Streitpunkte zwar vernünftig und verständlich. In der Praxis aber, bei der Anwendung auf den konkreten Fall, ergaben sich Zweifel, wie die Regeln eingehalten werden sollten. Dies führte dazu, daß die eine Partei immer nach Angriffsflächen suchte, um die „Pleadings" des Gegners beanstanden zu können. Wegen der großen Anzahl von Fehlerquellen war es nicht schwierig, einen Grund zur Beanstandung zu finden[118].

Es gab jedoch auch wohldurchdachte Vorschriften, die den strengen Regeln der Logik folgten und für die Praxis von Vorteil waren[119]. Zu den grundlegenden Bestimmungen des Schriftsatzwechsels zählte, daß man grundsätzlich weder in einem nachfolgenden Schriftsatz noch in der mündlichen Verhandlung von dem Vorhergesagten abweichen durfte[120]. Damit wurde erreicht, daß sich die Parteien innerhalb angemessener Zeit über die Streitfrage einigen mußten. Auch die Tatsache, daß man nur die wesentlichen Fakten vortragen durfte und die Angabe von Beweisgründen in den „Pleadings" nichts zu suchen hatte, ist ein geeignetes Mittel, um die Schriftsätze übersichtlich zu gestalten. Es überrascht daher nicht, daß diese Prinzipien einen beachtenswerten Einfluß auf das moderne System der „Pleadings", wie es sich nach den Reformen des 19. Jahrhunderts entwickelte, hatten[121].

3. *Starrheit der Regeln*

Es waren daher auch gar nicht so sehr die Formvorschriften, die in erster Linie auf Kritik bei den Reformdiskussionen stießen. Das Ärgernis bestand hauptsächlich darin, daß sowohl Gericht als auch Schriftsatzverfasser der Wahrung der Form eine überragende Bedeutung beimaßen und die Lösung der technischen Details stärker beachteten als die Prüfung der materiellen Gesichtspunkte des Rechtsstreits. Die Gerichte legten hinsichtlich der Einhaltung von Förmlichkeiten sehr strenge Maßstäbe an. Dies führte dazu, daß es vielfach nicht mehr um die Frage ging, ob etwa A dem B etwas schuldete, sondern daß tiefgründige Überlegungen darüber angestellt wurden, ob die Form gewahrt worden war[122]. Daß es Aufgabe eines Zivilprozesses ist, einen Streit über materiell-rechtliche Fragen zwischen den Parteien zu entscheiden und daß die prozeßrechtlichen Regeln nur Mittel zur Beendi-

---

[118] *Holdsworth,* Legal History, vol. IX, S. 297.

[119] *Lord Mansfield* in Robinson v. Raley (1757), 1 Burr. 319 = 97 E.R. 330, 331, Parlt. Papers 1851, vol. XXII, S. 567/22; *Holdsworth,* vol. IX, S. 279.

[120] *Holdsworth,* vol. IX, S. 274.

[121] Vgl. unten § 2 C. II. + IV.

[122] *Millar,* Pleading, vol. I, S. 9, 10; *Deans,* S. 154; *Holdsworth,* Cambr.L.J. 1 (1921 - 23), S. 261 (264); *Hollond,* Cambr.L.Rev. 6 (1936), S. 1 (11, 12) m.w.N.

gung eines Rechtsstreits sind, beachtete man noch nicht in dem gebotenen Maße.

Es gab eine Reihe von Entscheidungen, die sich ausschließlich mit Form und Inhalt der „Pleadings" beschäftigten[123]; dies zeigt, welches Gewicht die Gerichte auf die Einhaltung bestimmter Förmlichkeiten legten, etwa auf die Wahl der richtigen Klageform. Da die Gerichtsentscheidungen jedoch keine Aussage darüber enthielten, welche Klageform richtigerweise hätte ausgewählt werden müssen, war es in einigen Fällen nur möglich, die richtige „Form of Action" durch eine Eliminierung anderer Möglichkeiten herauszufinden[124]. Diese negative Abgrenzung führte nicht nur zu großen Verzögerungen bei der Rechtsfindung, sondern auch zu einer unerträglichen Erhöhung der Gerichtskosten[125]. Die Gerichte mußten sich den Vorwurf gefallen lassen, daß es ihnen nicht darum ging, vorrangig eine materiell gerechte Entscheidung zu fällen, sondern ihr Bestreben in erster Linie darauf gerichtet war, Lücken in den „Pleadings" zu finden[126]. Dadurch wurden die Parteien dazu verführt, weitschweifige Ausführungen zu machen und verschiedene Blickwinkel aufzuzeigen, was zu einer unvertretbaren Länge der „Pleadings" führte[127]. Die Anfertigung eines fehlerfreien Schriftsatzes bedurfte somit einer besonderen Routine, die nur von Spezialisten beherrscht wurde, die sich in der Anwendung juristischer Kunstgriffe auskannten[128]. Etwa seit dem 17. Jahrhundert[129] tauchten innerhalb der Anwaltschaft sogenannte „special Pleader" auf[130]; ihre ganze Aufmerksamkeit galt der Formulierung der Schriftsätze. Das Ringen um den Erfolg in einem Prozeß war zu einer Art Glücksspiel ausgeartet, das nicht derjenige gewann, der es gerechterweise verdient gehabt hätte, sondern derjenige, der sich in technischen Details besser auskannte[131]. Diese ungünstige Entwicklung innerhalb des englischen Prozeßrechts läßt sich darauf zurückführen, daß die maßgebenden Regeln einmal nur von Praktikern entwickelt worden waren, zum anderen aus allen Perioden der englischen Rechtsgeschichte stammten[132].

---

123 *Holdsworth,* Legal History, vol. IX, S. 309; *Whittier,* Harv.L.Rev. 31 (1917 - 1918), S. 501 (507); vgl. auch White v. Great Western Rail (1857). 2 C.B. (N.S.) S. 19, 20 m.w.N.

124 *Odgers,* Pleading, 8th ed., S. 200.

125 *Odgers,* Century of Law Reform, S. 220; *Plucknett,* History, S. 73.

126 *Schmitthoff,* S. 40; *Millar,* Pleading, vol. I, S. 9, 10; *van Veeder,* S. 731.

127 Parlt. Papers 1851, vol. XXII, S. 567/17; *Holdsworth,* Legal History, vol. IX, S. 309.

128 *Millar,* The Old Regime, S. 211.

129 *Holdsworth,* Legal History, vol. III, S. 651 f.

130 *Holdsworth,* vol. III, S. 651, 653.

131 *Sutton,* S. 195; *Jenks,* S. 358; *Holdsworth,* Cambr.L.J. 1 (1921 - 23), S. 261 (265).

"The law of England has grown out of occasion and emergency; from the fluctuating policy of different ages. It resembles one of those old mansions, which, instead of being built all at once, after a regular plan, and according to the rules of architecture at present established, has been altered from time to time, and has been continually receiving additions and repairs suited to the taste, fortune or conveniency of its successive proprietors[133]."

Das Ergebnis war, daß zu Beginn des vergangenen Jahrhunderts das Recht der „Pleadings“ angehäuft war mit überlieferten technischen Regeln, auf deren Befolgung größter Wert gelegt wurde. Dies führte häufig zu endlosen Verzögerungen und großer Kostenlast und nicht selten zu einer völlig ungerechten Entscheidung[134].

II. Reformbestrebungen

Ein derartiger Prozeß war in einem Jahrhundert der Entwicklung, Kolonisation, Handel und industrieller Fortentwicklung nicht mehr zeitgerecht[135]. Das materielle Recht mußte von den Verfahrenszwängen befreit und den neuzeitlichen Anforderungen angepaßt werden[136]. Dazu bedurfte es einer umfassenden Umgestaltung des Prozeßrechts im allgemeinen und der „Pleadings“ im besonderen. Allerdings konnten sich die Reformen nicht darauf richten, die „Pleadings“ abzuschaffen; denn sie sind unabdingbare Voraussetzung für das weitere Verfahren. Die mündliche Verhandlung englischen Stils ist ohne die besondere Eigenart der englischen Schriftsätze nicht denkbar[137]. Ziel der Reformen mußte es also sein, die Vorteile des alten Systems beizubehalten bei gleichzeitiger Ausmerzung der Fehler.

Es war allerdings keineswegs so, daß die Notwendigkeit einer Reform allgemein anerkannt wurde. Insbesondere die Spezialisten auf dem Gebiet der „Pleadings“ verdienten so gut an dem Geschäft, daß sie keine Vorliebe hegten, an dieser Situation etwas zu ändern[138].

---

[132] *Holdsworth,* Legal History, vol. I, S. 645; *ders.,* vol. IX, S. 307; *Deans,* S. 145.

[133] *Paley,* S. 193.

[134] *Sutton,* S. 194; *Maitland,* Forms of Action, S. 7; *Bowen,* Administration of the Law, S. 285; *Deans,* S. 147.

[135] *Pound,* Interpretation, S. 31; *Potter,* S. 63; *Brunner,* S. 60; *Plucknett,* History, S. 73; *Deans,* S. 145; *van Caenegem.* Int. Encyclop. of Comp. Law, vol. XVI ch. 2, S. 103.

[136] *Millar,* Trial Court, S. 11.

[137] *Jolowicz,* Written and Oral Proof-Taking, S. 3.

[138] *Walker & Walker,* S. 54; vgl. auch *Bentham,* book VIII ch. III in works vol. VII, S. 203, 207.

1. Konflikte

Der reformerische Anfang wurde gemacht durch eine Aufsehen erregende Rede[139], die Lord *Brougham* im Jahre 1828 vor dem Parlament hielt[140]. Er war ein Schüler von Bentham, der schon vorher in eine Diskussion über die schwerwiegenden Mißstände des englischen Prozeßrechts eingetreten war[141]. In seiner Rede kritisierte Brougham das englische Prozeßrecht und die Regeln für die Anfertigung der „Pleadings". Die Streitpunkte sollten seiner Meinung nach ohne den Ballast von Fiktionen und unnötigen Wiederholungen dargestellt werden; auftauchende formale Defekte sollten nicht länger die Entscheidungsgrundlage bilden können[142]. Das Ergebnis dieser Rede war die Einsetzung einer Kommission, die sich mit der Methode des „Common Law" auseinandersetzen und Reformvorschläge machen sollte[143]. Damit wurde der Grundstein für die moderne englische Rechtsentwicklung gelegt[144].

Das Ziel der prozeßrechtlichen Reformen des 19. Jahrhunderts war es, das Zivilverfahren zu rationalisieren. Der schnellste, billigste und zuverlässigste Weg zur Entscheidungsfindung sollte gefunden werden[145]. Eng damit zusammen hing die Forderung, den Einfluß technischer und formaler Detailfragen auf die gerichtlichen Entscheidungen zu vermindern[146], soweit er in der Vergangenheit zu Verzögerungen geführt hatte[147]; der Zivilprozeß sollte nicht länger Selbstzweck sein, sondern allein der Durchsetzung materiell-rechtlicher Ansprüche dienen.

Die Reformen gestalteten sich jedoch schwierig; denn gegen Ende des 18. und zu Beginn des 19. Jahrhunderts hielten viele Juristen die Regeln für die Anfertigung der „Pleadings" für so logisch und überlegen[148], daß der überwiegenden Juristenmeinung zufolge jede radikale Veränderung nicht nur nachteilige Folgen für das Recht der „Pleadings", sondern für das „Common Law" als ganzes hätte[149]. In ihrem zweiten

---

139 Mit der Überschrift „On the Present State of the Law".

140 Vgl. Supreme Court Practice, Preface.

141 *Bentham*, Rationale of Judicial Evidence; vgl. auch *Holdsworth*, Legal History, vol. VIII, S. 83, 84.

142 *Brougham*, S. 69, 75, 79.

143 Diese und nachfolgende Kommissionen lieferten diverse Berichte mit dem Titel: Reports of His (Her) Majesty's Commissioners for Inquiring into the Process, Practice and System of Pleading in the Courts of Common Law.

144 *Deans*, S. 126; *Plucknett*, History, S. 382; *Odgers*, Century of Law Reform, S. 230.

145 *Potter*, S. 343; *Deans*, S. 145.

146 *Potter*, ebd.

147 Vgl. oben B. 3.

148 *Lord Runnington* in Hale's History of the Common Law, S. 212.

149 Vgl. *Holdsworth*, Legal History, vol. IX, S. 311; *Sunderland* in Harv.L. Rev. 39 (1925 - 1926), S. 725 (727).

Bericht[150] äußerten die „Commissioners“ zwar einige Bedenken an dem System der „Pleadings“. Insgesamt wurde aber unterstrichen, daß sich diese wissenschaftlich entwickelt hätten und immer noch gute Dienste leisteten; es erschiene zweifelhaft, ob sich Anstrengungen im Hinblick auf Reformen überhaupt lohnten[151].

Die Reformbestrebungen wurden dadurch aber nicht geschwächt. Die konservative Rechtstheorie vermochte mit dem Hinweis auf die logische Entwicklung der Institutionen die Zweifel und Reformforderungen nicht zu bannen. Im Gegenteil, die Diskussion rechtlicher Probleme gehörte in dieser Zeit zu den beliebstesten Themen[152]. Es häuften sich die Stimmen, die zum Angriff auf das traditionelle Prozeßrecht aufriefen:

> "This mischievous mess, which exists in defiance and mockery of reason, English lawyers inform us, is a strict, and pure, and beautyful exemplification of the rules of logic ... But what they know of logic is little more than the name[153]."

2. *Gesetzgeberische Maßnahmen*

Der erste gesetzgeberische Schritt auf dem Weg zur Reform wurde durch den „Uniformity of Process Act 1832“[154] getan. Dieses Gesetz besagte, daß alle schuldrechtlichen Klagen mit einem einheitlichen „Writ“ begonnen werden sollten, der kurz die Natur des Anspruchs skizzieren und den Beklagten zum Erscheinen auffordern sollte[155]. Der Kläger war aber nach wie vor dazu aufgefordert, seine beabsichtigte Klage beim Namen zu nennen; die „Forms of Action“ blieben also bestehen[156].

Der „Civil Procedure Act 1833“[157] sah unter anderem vor, daß die Richter der oberen Gerichte Regeln für die Gestaltung der „Pleadings“ ausarbeiteten, wobei sie insbesondere die Verzögerungen, Förmlichkeiten und Kosten im Auge haben sollten. Diese Delegation der Aufgaben des Parlaments an die Richter wurde vorgenommen, weil man davon ausging, daß die Verbesserung einer solch komplizierten Materie nicht von Laien, sondern nur von Männern der Praxis vorgenommen

---

150 Parlt. Papers 1830, vol. XI, S. 547 (8. Mai 1830).

151 Parlt. Papers, vol. XI, S. 547/45, 51.

152 Vgl. *Sunderland*, Harv.L.Rev. 39, S. 728.

153 *James Mill*, Encyclopedia Britannica (Jurisprudence) Supplement 1828, zit. bei *Sunderland*, Harv.L.Rev. 39, S. 733.

154 2 & 3 William IV c. 39 (1832).

155 sec. 1.

156 *Jenks*, S. 359; *Maitland*, S. 8; *Potter*, S. 344; *Holdsworth*, Legal History, vol. XV, S. 104.

157 3 & 4 William IV c. 42.

werden konnte[158]. Das Ergebnis der richterlichen Bemühungen waren die „Regulae Generales of the Hilary term“[159], die Regeln für die „Pleadings“ in den oberen Gerichten aufstellten. Sie bewirkten aber keine wesentliche Änderung[160]; lediglich die Möglichkeit des globalen Bestreitens wurde drastisch gekürzt[161]. Dadurch erreichte man aber nur, daß noch mehr Entscheidungen als zuvor auf formalen Mängeln basierten[162].

Ein weiteres Gesetz, welches zur Vereinfachung des Zivilprozesses beitragen sollte, war der „Real Property Limitation Act“[163], der die Abschaffung fast aller „real“ und „mixed Actions“ vorsah[164]. Da diese Klagen aber ohnehin kaum noch in der Praxis verwendet worden waren, war der Nutzen gering[165].

Die eigentlichen Reformen begannen erst in der Mitte des 19. Jahrhunderts, als im Anschluß an den Bericht der „Royal Commission“ aus dem Jahre 1851[166] ernsthaft der Versuch unternommen wurde, die „Forms of Actions“ zu beseitigen und damit das materielle Recht von den prozeßrechtlichen Zwängen zu befreien[167]. Da man wenig Vertrauen zu dem Reformwillen der Juristen hatte, war die Zahl der Nichtjuristen in den königlichen Untersuchungskommissionen zuvor erhöht worden[168].

Der „Common Law Procedure Act 1852“[169] sah vor, daß die Klageform nicht mehr auf dem „Writ“ erwähnt zu werden brauchte[170]. Das war die Geburtsstunde für den „Writ of Summons“, wie er auch noch im geltenden Recht zu finden ist. Es handelt sich dabei um eine formale Urkunde, in welcher der Beklagte aufgefordert wird, sich innerhalb einer bestimmten Zeit zu äußern, ob er es auf einen Rechtsstreit ankommen lassen will oder nicht. Wenn der Beklagte der Aufforderung nicht nachkommt, kann in der Regel ein Versäumnisurteil gegen ihn beantragt werden. Das Dokument, das durch Siegelung auf der Geschäftsstelle des Gerichts seinen amtlichen Charakter bekommt, enthält

[158] sec. 1.

[159] 4 William IV (1834).

[160] *Potter*, S. 344.

[161] *Millar*, Trial Court, S. 45; vgl. auch *Holdsworth*, Camb.L.J. 1 (1921 - 1923), S. 261 (273).

[162] Zu den Vorteilen des generellen Bestreitens vgl. oben B. I. 2.

[163] 3 & 4 William IV c. 27 (1833).

[164] sec. 36.

[165] *Jenks*, S. 361.

[166] Parlt. Papers 1851, vol. XXII, S. 567.

[167] *Jenks*, S. 365; *Plucknett*, History, S. 382.

[168] Vgl. *Sunderland*, Harv.L.Rev. 39, S. 741.

[169] 15 & 16 Victoria c. 76.

[170] sec. 3.

Name und Adresse des Beklagten; hinzu kommen muß entweder ein allgemeiner Hinweis auf die Natur des klägerischen Anspruchs und die angestrebte Rechtfolge[171] oder bereits die genaue Klagebegründung (statement of claim)[172]. Dieses dient neben der Information des Beklagten dazu, daß die Klage in einem späteren Abschnitt des Verfahrens nicht mehr ohne weiteres auf andere Gesichtspunkte gestützt werden kann[173]. Bei der Anfertigung des „Writ“ sollen bestimmte Formen eingehalten werden[174]. Eine Nichteinhaltung dieser Formen vernichtet aber nicht den Prozeß, sondern stellt eine Nachlässigkeit dar, die kostenrechtliche Nachteile mit sich bringt[175]. Während so die Gleichförmigkeit des „Writ“ gewährleistet wird, ist die Zahl der möglichen beigefügten Begründungen so unbestimmt und vielfältig, wie die Zahl der denkbaren unrechtmäßigen Akte[176].

Die Schaffung eines einheitlichen „Writ of Summons“ im Jahre 1852 bedeutete allerdings noch nicht die endgültige Abschaffung der „Forms of Action“. Der Kläger mußte nach wie vor seine Klagebegründung in Übereinstimmung mit ihnen entwerfen, so daß die Wahl der richtigen Klageform lediglich bis zu diesem Zeitpunkt hinausgezögert wurde[177]. Man befürchtete noch immer, daß die Beseitigung der Klageformen das „Common Law“ in seinen Grundfesten berühren würde[178]. Trotz der Beibehaltung war man sich aber darüber einig, daß Formalitäten nicht länger entscheidungserheblichen Einfluß haben sollten[179]. Um eine materiell-gerechte Entscheidung zu gewährleisten, wurde den Gerichten bei der Behandlung prozessualer Mängel ein weiterer Ermessensspielraum eingeräumt[180]. Den Einwand des „special demurrer“, d. h. der Einwand, der sich lediglich gegen die Nichteinhaltung von formalen Regeln wandte, berücksichtigte man nicht mehr[181]. Abgeschafft wurden ferner alle technischen Regeln wie Fiktionen[182], die das schriftliche Vor-

---

171 O. 6 r. 2 (a) RSC; vgl. auch Sterman v. E.W. + W.J. Moore, [1970] 2 W.L.R. 386 (390, 391).

172 O. 6.

173 *Odgers*, Pleading, S. 44; *Gerland*, engl. Rechtsprobleme, S. 12; *Jolowicz*, Fundamental Guarantees, S. 161.

174 Anhang A Nr. 1 - 6 der RSC.

175 O. 2 RSC; Smalley v. Robey & Co Ltd., [1962] 1 All E.R 135 C.A.

176 *Maitland*, Forms of Action, S. 5.

177 *Holdsworth*, Legal History, vol. XV, S. 105; *Maitland*, S. 81; *Potter*, S. 344.

178 *Bramwell L.J.*, in Bryant v. Herbert (1878), 3 C.P.D. 390; vgl. auch sec. 51 Common Law Procedure Act 1852.

179 Vgl. *Bramwell* L.J.; *Millar*, Trial Court, S. 47.

180 *van Caenegem*, S. 107.

181 *Deans*, S. 147; *Stephen*, Pleading, 7th ed., S. 138, 139; *Sutton*, S. 198.

182 sec. 49.

verfahren so schwierig gestaltet hatten. Schließlich gestattete das Gesetz auch die Verbindung mehrerer Ansprüche in einer Klage[183], sofern das Gericht die Klagehäufung als sachdienlich ansah[184].

III. Ergebnis der Reformbestrebungen

Ihre Krönung fanden die prozeßrechtlichen Reformbestrebungen des 19. Jahrhunderts in den „Judicature Acts“ von 1873 - 1875[185, 186]. Sie stellten den Höhepunkt einer Entwicklung dar, die auf Vereinfachung des gesamten Prozeßrechts gerichtet war[187].

In erster Linie enthielten die Gesetze eine umfassende Reform der Gerichtsverfassung. Die bis dahin aus historischen Gründen bestehenden unübersichtlichen Kompetenzverteilungen mit den daraus resultierenden Kompetenzkonflikten der unterschiedlichen Gerichte wurden beseitigt[188]. Es entstand ein einheitlicher „Supreme Court of Judicature“[189, 190]. Ferner wurde die gerichtsverfassungsmäßige Unterscheidung von „Common Law“, „Equity“ und anderen Rechtsgebieten aufgehoben[191, 192]. Bis dahin wandten die Gerichte kein einheitliches materielles Recht an.

Die „Judicature Acts“ schafften aber auch eine einheitliche Zivilprozeßordnung. Bis zu diesem Zeitpunkt unterschieden sich bei den verschiedenen Gerichten nicht nur das Prozeß- und Beweisverfahren, sondern auch die juristische Terminologie. Die zivilprozessualen Bestimmungen waren zunächst im Anhang zu dem Gesetz von 1873 enthalten[193]; sie wurden durch neue Vorschriften in einem Zusatzartikel zum „Judicature Act“ von 1875[194] ersetzt. Damit das Verfahren stets den Erfordernissen der Praxis angepaßt werden konnte, sah das Gesetz von

---

[183] *Holdsworth*, Legal History, vol. XV; *Millar*, Trial Court, S. 47.

[184] sec. 41.

[185] 36 & 37 Victoria c. 66.

[186] 38 & 39 Victoria c. 77.

[187] *Bowen*, Survey, S. 281; *Potter*, S. 344.

[188] Solche Gerichte waren: Court of Chancery, Court of Common Pleas; Exchequer; Court of King's Bench; Court of Admiralty; Court of Probate; Divorce Court; Court of Bankruptcy; zu deren Aufgabenverteilung siehe *Löwenstein*, vol. II, S. 31.

[189] 36 & 37 Victoria c. 66, sec. 3.

[190] Vgl. *van Caenegem*, S. 104.

[191] Zu den Nachteilen, die sich aus der gerichtsverfassungsmäßigen Unterscheidung ergaben vgl. 1st Report of the Royal Commission 1869, Parlt. Papers 1868 - 69, vol. XXV, S. 1 (7, 11).

[192] Zu der Verschmelzung von „Law“ und „Equity“ vgl. *Gerland*, Gerichtsverfassung, vol. I, S. 301 ff.

[193] sec. 69 und Anhang.

[194] sec. 16 und Anhang.

1875 vor, daß die Richter die für ihren Bereich notwendigen Prozeßregeln selbst festlegen konnten[195, 196].

Die in den „Rules of the Supreme Court“ enthaltenen Vorschriften brachten keinen völligen Bruch mit der Vergangenheit; dies gilt insbesondere für den Schriftsatzwechsel. In einigen Punkten sind durchaus Übereinstimmungen mit der traditionellen Regelung vorhanden. Nur in folgenden Punkten hat eine grundlegende Erneuerung stattgefunden:

— Die „Forms of Action“ wurden endgültig abgeschafft[197]. Während der Kläger vorher die rechtliche Wertung der Tatsachen selbst vornehmen mußte, um überhaupt eine bestimmte Klageform wählen zu können, liegt die Aufgabe der rechtlichen Einordnung des Streitfalls nun grundsätzlich beim Gericht[198, 199].

— Die Art und Weise, in der den zivilprozessualen Vorschriften Geltung verschafft wird, unterscheidet sich ebenfalls fundamental von der Praxis früherer Zeiten. Es ist Vorsorge getroffen worden, daß technische bzw. formale Fehler grundsätzlich nicht streitentscheidend sein können[200]. Bei Verstößen gegen die „Rules of the Supreme Court“ kann die gegnerische Partei nicht mehr damit rechnen, daß das Gericht sogleich eine Entscheidung zu ihren Gunsten fällt, die materiell-rechtlich gesehen nicht gerechtfertigt erscheint[201].

Im Jahre 1887 konnte daher Bowen feststellen[202], daß das Recht aufgehört habe, ein wissenschaftliches Spiel zu sein, das gewonnen oder verloren werde, je nach dem gespielten Zug. Es hatte sich die Über-

---

[195] sec. 17.

[196] Dies geschieht seither in den „Rules of the Supreme Court“, die als Prozeßordnung des „High Court“ eine Rechtsverordnung darstellt; vgl. *Bunge*, Richterpersonal, S. 11 Anm. 41; *Jolowicz*, Fundamental Guarantees, S. 125.

[197] *Odgers*, Pleading, 8th ed., S. 199; *Potter*, S. 344.

[198] Hammer v. Flight (1876), 35 L.T.R. 127, 128; Kelly v. Metropolitan Railway & Co., [1895] 1 Q.B. 944 (946) C.A. = 64 L.J.Q.B. 568 (569, 570); vgl. auch *Holdsworth*, Legal History, vol. IX, S. 329; *Odgers*, Century of Law Reform, S. 213; *ders.*, Pleading, 1st ed., S. 11; *van Caenegem*, S. 104.

[199] Gleichwohl kann man bis in die heutige Zeit den Einfluß des Prozeßrechts auf das materielle Recht sehen (*Maitland*, Forms of Action, S. 2; *Goldschmidt*, S. 216). Trotz Abschaffung der „Forms of Action“ ist weiterhin die Angabe des Klaggrundes, d. h. die Gesamtheit der zur Begründung des Anspruchs erforderlichen Tatsachen nötig. Zur Identifizierung des Klaggrundes werden aber auch nach 1873 die traditionellen Namen der „Forms of Action“ verwendet; ihre Bezeichnungen sind nach wie vor für Juristen ein deutliches und zweckmäßiges Mittel, die Gesamtheit der klagebegründenden Tatsachen in einem Begriff charakteristisch zu skizzieren (*Radcliffe & Cross*, S. 312; Letang v. Cooper, [1965] 1 Q.B. 232 (239, 243)).

[200] *Potter*, S. 345; *Holdsworth*, Legal History, vol. I, S. 647; *Bowen*, Survey, S. 310.

[201] *Holdsworth*, Legal History, vol. IX, S. 328.

[202] *Bowen*, Survey S. 310.

zeugung durchgesetzt, daß das Prozeßrecht nicht Selbstzweck sein darf, sondern sich dem materiellen Recht unterordnen muß[203].

C. Der Schriftsatz im Spiegel der heutigen Praxis

Damit die „Pleadings" ihrer Hauptaufgabe — der Herausarbeitung der Streitfragen in deutlicher und verständlicher Weise — gerecht werden können, gibt es auch im geltenden Recht eine Reihe von Regeln, die die Parteien beachten müssen. Maßgebend sind derzeit die „Rules of the Supreme Court 1965". Um den weiter gestiegenen Anforderungen an einen ordnungsmäßigen Prozeßablauf Rechnung zu tragen, wurden alle vorhergehenden Verordnungen des obersten Gerichtshofes seit dem Jahre 1883 aufgehoben[204].

Der Austausch der Schriftsätze beginnt, nachdem sich der Beklagte frist- und ordnungsgemäß auf den „Writ" des Klägers hin durch ein „Memorandum of Appearance" gemeldet hat, mit der Zustellung der Klagschrift[205, 206]. In vielen Fällen, insbesondere wenn sie zur Zuständigkeit der „County Courts" gehören, erreicht das Verfahren aber gar nicht erst dieses Stadium; denn die Zustellung des „Writ" ist bereits ein wirksames Druckmittel, um den Beklagten zur Zahlung zu bewegen[207].

Die englischen Schriftsätze sind sowohl zahlenmäßig als auch inhaltlich begrenzt. Die Einschränkungen zielen darauf ab, daß die Parteien schnell und in aller Kürze zum Kernpunkt des Streites vordringen. Erledigt sich das Verfahren nicht bereits durch die Zustellung des „Writ", genügen in der Regel drei Schriftsätze, um den Streitstand zu klären: die Klagebegründung (statement of claim)[208], die Verteidigungsschrift (statement of defence)[209] und die Replik (reply)[210]. Cohn[211] führt diese Begrenzung darauf zurück, daß die englischen Schriftsätze nicht wie Gelegenheitskorrespondenzen zwischen den Parteien gewechselt würden, sondern formale Prozeßhandlungen seien.

---

203 *Millar*, Trial Court, S. 4; *van Caenegem*, S. 106; *Wilson*, S. 340.

204 Supreme Court Practice, Einleitung S. 1.

205 Zur Bedeutung des „Writ" vgl. oben B. II. 2.

206 Aus Gründen der Zweckmäßigkeit und der Zeitersparnis kann das „Statement of Claim" schon mit dem „Writ" verbunden werden, vgl. O. 6 r. 2 (1) RSC; auf eine Klagebegründung, die mit dem „Writ" verbunden ist, finden die Regeln über „Pleadings" Anwendung, vgl. Supreme Court Practice, 6/2/3.

207 *Wilson*, S. 383.

208 O. 18 r. 15 RSC; O. 18 r. 1 RSC.

209 O. 18 r. 2 RSC.

210 O. 18 r. 3 RSC.

211 *Cohn*, ZZP 73 (1960), S. 327.

I. Die einzelnen Schriftsätze

1. Klagschrift

Das „Statement of Claim" verlangt nach der Abschaffung der Klageformen nur noch die Darlegung der wesentlichen Fakten, auf die der Kläger seine Klage zu stützen beabsichtigt, sowie eine spezifizierte Erklärung im Hinblick auf die angestrebte Rechtsfolge[212]. Die Klage bedarf einer sorgfältigen Begründung. Es müssen sämtliche in Frage kommenden Befriedungsmöglichkeiten beantragt werden; denn aus Gründen der Rechtskraft ist es nicht möglich, eine zweite Klage gegenüber demselben Beklagten auf dieselben Tatsachen zu stützen[213]. Mit der Klage kann man auch mehrere verschiedene Ansprüche alternativ geltend machen[214], vorausgesetzt, daß die einzelnen Fakten säuberlich getrennt und nicht durcheinandergeworfen werden[215].

2. Klagerwiderung

Der Beklagte hat nach geltendem Recht die Möglichkeit, sich gegen die klägerischen Behauptungen durch Heranziehung sämtlicher Verteidigungsmittel zu wehren[216] und ist nicht wie früher darauf beschränkt[217], sich für einen Weg zu entscheiden. Seit den „Judicature Acts" von 1873 und 1875 darf die Verteidigungsschrift auch widersprüchliche Angaben enthalten, solange dies nicht das faire Verfahren beeinträchtigt[218]. Damit die Streitfragen nicht grundlos verdoppelt werden, kann das Gericht demjenigen, der sie ohne zwingenden Grund vermehrt, die erhöhten Kosten auferlegen[219]. Im einzelnen hat der Beklagte folgende Verteidigungsmöglichkeiten gegenüber den klägerischen Ansprüchen:

a) „Traverse"

Der Beklagte kann alle oder doch den wesentlichen Teil der klägerischen Behauptungen bestreiten (traverse)[220]. Dazu muß er sich mit jeder

---

212 *Odgers*, Pleading, S. 173; Supreme Court Practice, 18/15/1.

213 Serrao v. Noel (1885), 15 Q.B.D. 549.

214 *Odgers*, Common Law, S. 548; Supreme Court Practice, 18/7/8; *Radcliffe & Cross*, S. 312; vgl. auch Phillips v. Phillips (1878), 4 Q.B.D. 127 = (1879), 48 L.J.Q.B. 135 ff.; Bagot v. Easten (1877), 7 Ch. D. 1 = (1878), 47 L.J.Ch. 225 (227).

215 *Odgers*, Common Law, S. 548; Davy Brothers Ltd. v. Garrett (1877), 47 L.J.Ch. 218 (224) C.A.

216 *Odgers*, Pleading, S. 127.

217 Vgl. oben B. I. 2. c).

218 *Odgers*, Pleading, S. 134; Berdan v. Greenwood (1878), 47 L.J.Q.B. 628 (630).

219 *Odgers*, Pleading, S. 127.

220 O. 18 r. 13 (2) RSC; vgl. auch Supreme Court Practice, 18/12/31.

behaupteten wesentlichen Tatsache auseinandersetzen[221, 222]. Ein Pauschalbestreiten ist nicht zulässig[223]. Tatsachen, die nicht ausdrücklich oder im Wege einer notwendigen Schlußfolgerung bestritten werden, gelten als zugestanden[224, 225]. Die „Traverse" ist somit als das ausdrückliche Leugnen einer Tatsache zu verstehen[226]. Auf diese Weise gelangen die Parteien unverzüglich zur Feststellung der Streitpunkte[227]. Der Kläger erlangt nun die von ihm erstrebte Rechtsfolge nur, wenn ihm der Beweis seiner Behauptungen gelingt.

b) „Confession and Avoidance"

Der Beklagte kann die klägerischen Behauptungen im wesentlichen eingestehen, zugleich aber neue Tatsachen vortragen, die den Fall in einem anderen Licht erscheinen lassen (defence by confession and avoidance)[228]. Der Beklagte macht hier also gegenüber einer seiner Meinung nach schlüssigen Anspruchsgrundlage des Klägers Einwendungen geltend, um den Eintritt der Rechtsfolge durch Berufung auf Gegennormen zu beseitigen. Bei diesem Vorgehen wird die endgültige Streitfrage nicht sofort offengelegt, da der Kläger erst noch Gelegenheit zur Erwiderung erhalten muß[229].

c) „Objection in Point of Law"

Schließlich kann der Beklagte den klägerischen Vortrag noch unter rechtlichen Gesichtspunkten beanstanden (objection in point of law)[230]. Dieser Einwand hat Aussicht auf Erfolg, wenn kein vernünftiger Klaggrund bzw. auf seiten des Beklagten eine augenscheinlich unvollkommene Klagerwiderung vorgetragen wird, so daß eine Abweisung „a limine" denkbar ist. Eine erfolgreiche Beanstandung dieser Art gibt es aber bloß in krassen Fällen, bei denen der Tatsachenvortrag offensichtlich nicht genügt[231]. Die Partei, die diesen Einwand geltend macht,

---

221 O. 18 r. 8 (1), r. 13 (1) RSC; vgl. auch Odgers, Pleading, S. 139; *Reynold*, S. 107; *Löwenkamp*, S. 95.

222 Zu den wesentlichen Tatsachen vgl. unten II. 3.

223 Der Gedanke dieser Vorschrift liegt darin, den Beklagten davon abzuhalten, sich auf den sog. „General Issue" zu berufen; vgl. oben B. I. 2. b).

224 O. 18 r. 13 (1) RSC; vgl. auch *Odgers*, Pleading, S. 134 ff.

225 Die „Traverse" entspricht dem substantiierten Bestreiten des § 138 Abs. 3 ZPO.

226 *Mächel*, S. 13 m.w.N.

227 *Odgers*, Pleading, S. 132.

228 O. 13 r. 8 (1) RSC; Supreme Court Practice, 18/8.

229 Odgers, Pleading, S. 144.

230 Vgl. O. 18 r. 11 RSC.

231 Drummond-Jackson v. British Medical Association, [1970] 1 All E.R. 1094 (1099, 1100, 1105); Nagle v. Feilden, [1966] 1 All E.R. 689 (695); Whall v. Bulman, [1953] 2 All E.R. 306 (308); vgl. auch *Odgers*, Pleading, S. 147.

wird nicht den Schriftsatzwechsel weiterführen, sondern zunächst eine Entscheidung des Gerichts darüber abwarten, ob der gegnerische Vortrag tatsächlich unschlüssig bzw. unsubstantiiert ist. Das Gericht gibt aber nur selten dem Antrag auf sofortige Eliminierung des Schriftsatzes statt[232].

3. Replik

Das Einreichen einer „Reply" ist in vielen Fällen gar nicht nötig, da häufig schon die vorhergehenden Schriftsätze einen genauen Überblick über die Kontroverse geben[233]. Der Abfassung einer Replik bedarf es nur, wenn der Beklagte in seiner Verteidigungsschrift neue tatsächliche Gesichtspunkte vorgetragen[234] bzw. eine Gegenforderung geltend gemacht hat, sei es in Form einer Aufrechnung oder Widerklage[235]. Andernfalls könnte der Beklagte durch die klägerische Einstellung zu diesen Tatsachen in der mündlichen Verhandlung überrascht werden[236]. Der Kläger soll aber nur auf die vom Beklagten neu aufgeworfenen streitigen Tatsachen erwidern[237]. Die Replik ist nicht der richtige Platz, um die zuvor angefertigte Klagebegründung im ganzen zu ändern[238]. Es wird nicht erlaubt, eine Replik zuzustellen, wenn der Kläger lediglich die Behauptungen in der Verteidigungsschrift bestreiten will[239]; den dahingehenden Willen des Klägers unterstellt man[240]. Wo gleichwohl eine nicht notwendige „Reply" angefertigt wird, bringt das kostenmäßige Nachteile mit sich[241].

Darüber hinaus kommen Schriftsätze selten vor[242]; sie sind auch nur zulässig nach einem dementsprechenden Antrag beim „Master"[243]. Die Erlaubnis hängt davon ab, daß die Anfertigung eines weiteren Schriftsatzes unbedingt erforderlich ist[244], beispielsweise, wenn der Kläger auf eine Widerklage des Beklagten hin ebenfalls Widerklage erhoben hat, worauf der Beklagte noch Stellung nehmen möchte[245]. Wo der spätere

---

232 Vgl. unten C. V. 3.

233 *Löwenkamp*, S. 88; *Cohn*, ZZP 73 (1960), S. 324 (327).

234 Hall v. Eve (1876), 4 Ch. D. 341.

235 O. 18 r. 3 (1) (2) RSC.

236 Supreme Court Practice, 18/3/2.

237 O. 18 r. 10 RSC.

238 *Odgers*, Pleading, S. 231; *Schmitthoff*, JZ 72, S. 41; Earp v. Henderson (1876), 45 L.J.Ch. 738 (739); Williamson v. The London and N.W. Railway Company (1879), 48 L.J.Ch. 559 (561); Supreme Court Practice, 18/10/1.

239 Supreme Court Practice, 18/3/2.

240 O. 18 r. 14 (1) RSC.

241 O. 62 r. 7 (1) RSC.

242 *Odgers*, Pleading, S. 234; *Schmitthoff*, S. 41.

243 O. 18 r. 4 RSC.

244 *Odgers*, 234; Supreme Court Practice, 18/4/1.

245 *Odgers*, S. 234.

Schriftsatz aber lediglich eine Verteidigung in anderen Worten enthält, wird er nicht gestattet[246].

II. Beschränkung des Schriftsatzinhalts

Was den Inhalt der Schriftsätze im einzelnen anbelangt, ist eine Genauigkeit erforderlich, die es dem Gegner ermöglicht, Beweise aufzubieten, die die Behauptungen der anderen Seite widerlegen können[247]. Um ein großes Maß an Übersichtlichkeit der Schriftsätze sowie eine klare Herausarbeitung der Streitpunkte zu gewährleisten, gibt es eine Reihe von Grundsätzen, die bei der Anfertigung der „Pleadings" beachtet werden müssen. Die in diesem Zusammenhang wichtigste Vorschrift hat folgenden Inhalt[248]:

> "... every pleading must contain, and contain only, a statement in a summary form of the material facts on which the party pleading relies for his claim or defence, ... but not the evidence by which those facts are to be proved, and the statement must be as brief as the nature of the case admits."

1. Keine Anführung von Beweisgründen

Diese Vorschrift übernimmt einmal den alten Grundsatz des „Common Law", daß die „Pleadings" keine Beweisantritte und keine Beweisgründe enthalten sollen[249]. Einzelheiten, die lediglich darauf zielen, die behaupteten Tatsachen zu beweisen, sind wegzulassen[250]. Sowohl die Angabe der Beweismittel als auch die Mitteilung der Beweisgründe gehören nicht zum Inhalt der Schriftsätze. Wo beispielsweise der Streit zwischen den Parteien darauf hinausläuft, ob eine dritte Person Selbstmord begangen hat oder nicht, sollen keine Fakten angeführt werden, die eine Selbsttötung wahrscheinlich erscheinen lassen, etwa, daß sich der Verstorbene schon seit längerem in einem depressiven Zustand befunden und daß er sich vor seinem Tode eine Pistole gekauft habe, mit der er dann auch getötet worden sei, und daß er außerdem einen Abschiedsbrief geschrieben habe[251]; ausreichend ist, daß in dem Schriftsatz einfach der Selbstmord behauptet wird. Die näheren Umstände sind allein in der mündlichen Verhandlung von Bedeutung; in den „Pleadings" haben sie nichts zu suchen[252].

---

246 Harry v. Davey (1876), 34 L.T. 842.

247 *Archibald*, S. 124.

248 O. 18 r. 7 (1) RSC.

249 Williams v. Wilcox (1838), 8 A & E 314 (331); *Odgers*, Common Law, S. 550.

250 *Odgers*, Pleading, S. 101 - 105; SCP 18/7/3; *Cohn*, ZZP 73 (1960), S. 326 ff.; *Löwenkamp*, S. 89; *Jolowicz*, Fundamental Guarantees, S. 159.

251 Beispiel bei *Odgers*, Pleading, S. 103.

252 Re Dependable Upholstery Ltd., [1936] 3 All E.R. 741 (745)

2. *Keine Rechtsausführungen*

Daß die englischen Schriftsätze in der Regel frei sind von langatmigen und schwerfälligen Ausführungen, ist ferner darauf zurückzuführen, daß die Parteien i. d. R. keine schriftlichen Rechtsausführungen machen dürfen[253]. Es ist Aufgabe der Parteien, die Tatsachen darzulegen, die einen Anspruch begründen bzw. ein Leistungsverweigerungsrecht geben. Die rechtlichen Schlußfolgerungen zieht dann der Richter[254]. Allerdings schadet es auch nicht, wenn der Kläger kurz die Rechtsgrundlage angibt, die er seinem Anspruch zugrunde legt. Dies ist angesichts der Komplizierung der Rechtsordnung teilweise sogar wünschenswert[255]; der englische Zivilprozeß will eine faire Auseinandersetzung unter den Parteien. Ausführungen, die dem Gegner die Arbeit erleichtern, sind daher stets willkommen.

3. *Vortrag der wesentlichen Tatsachen*

Der wichtigste Grundsatz, der auf eine inhaltliche Einschränkung der „Pleadings" abzielt, besagt, daß nur die für die Klage bzw. die Verteidigung wesentlichen Tatsachen vorgetragen werden dürfen (material facts)[256]. Für die Darstellung der wesentlichen Fakten ist eine strenge chronologische Reihenfolge und eine präzise Form erforderlich[257], da unbestimmte, allgemein gehaltene Äußerungen nicht geeignet sind, die Streitpunkte aufzudecken. Der Gegner soll aber wissen, was in der mündlichen Verhandlung auf ihn zukommt; er soll nicht durch die dann vorgetragenen Einzelheiten überrascht werden[258].

Was unter „wesentlich" im einzelnen zu verstehen ist, läßt sich zwar eindeutig nur an Hand des konkreten Falles ermitteln[259]; generell kann man aber sagen, daß wesentliche Fakten nur solche sind, die zur Schlüssigkeit der Klage bzw. zur Erheblichkeit der Verteidigung unbedingt erforderlich sind[260]. Die Schwierigkeit dieser Regel liegt darin, daß einerseits nur die wesentlichen Tatsachen vorgetragen werden dürfen, andererseits aber auch alle wesentlichen Tatsachen dargelegt werden

---

[253] *Odgers*, Pleading, S. 84, 85; *Cohn*, ZZP 73, S. 325.

[254] Zu der historischen Entwicklung dieses Grundsatzes vgl. oben B. I. 1.

[255] *Odgers*, Pleading, S. 150; *Cohn*, S. 325.

[256] O. 18 r. 7 (1) RSC.

[257] Vgl. O. 18 r. 12 RSC; Townsend v. Parton (re Parton) (1882), 45 L.T. 755; Supreme Court Practice, 18/7/5.

[258] Phillips v. Phillips, 139; *Jolowicz*, Fundamental Guarantees, S. 159.

[259] *Odgers*, Pleading, S. 89; Phillips v. Phillips, 135 (138).

[260] *Odgers*, Common Law, S. 547; Bruce v. Odhams Press Ltd., [1936] 1 All E.R. 287 (289); Drummond-Jackson v. British Medical Association, 1094 (1099); Griffith v. London & A.K. Docks Co. (1884), 53 L.J.Q.B. 504 (505).

müssen[261]. Da das Beweislastrisiko durch den Vortrag zu vieler Einzelheiten erhöht wird[262], bedarf die Einhaltung dieser Regel einer genauen Abwägung der zur Verfügung stehenden Beweismittel; denn der Tatsachenverlauf, wie er sich nach Beendigung der Beweisaufnahme darstellt, muß grundsätzlich mit dem Inhalt der „Pleadings" übereinstimmen[263].

Die wesentlichen Umstände sind aber nicht nur unter materiellrechtlichen, sondern auch unter prozeßrechtlichen Aspekten zu beurteilen. Es dürfen keine Gründe für die Klage bzw. Verteidigung vorweggenommen werden, die im Zeitpunkt ihres Vortrags noch nicht erheblich sind, selbst wenn gute Gründe dafür bestehen, daß sie in einem späteren Stadium des Verfahrens von wesentlicher Bedeutung sein können[264].

Für alle Schriftsätze gilt somit der Grundsatz, daß sie kurz und bündig die wesentlichen Fakten darlegen müssen. Ein Schriftsatz soll nicht mehr enthalten, als durch die „Rules of the Supreme Court" vorgeschrieben ist. Den Parteien bleibt es zwar überlassen, den Fall in der ihnen eigenen Weise darzustellen; dies soll aber im Einklang mit der grundsätzlichen Regel geschehen, daß nur die die Klage bzw. die Verteidigung stützenden wesentlichen Fakten vorgetragen werden[265]. Es ist einsichtig, daß ein präziser Vortrag von seinem Verfasser mehr Geschick und größere Fähigkeiten verlangt als breite und langatmige Ausführungen, bei denen nur mit Mühe die streitigen Tatsachen festgestellt werden können. Für die Abfassung der „Pleadings" wird daher auch in der Regel ein „Barrister"[266] eingeschaltet[267]. Ein guter Schriftsatzverfasser zu sein, ist das Ziel eines jeden „Barristers". Die strengen Regeln erfordern, daß er Punkt für Punkt seines Schriftsatzes absetzt und sich bei jedem Schritt genau überlegt, welche Folgen sich daran knüpfen könnten[268]. „Ein gemächliches Diktieren in die Diktiermaschine kommt für ihn nicht in Frage[269]."

---

261 Vgl. Übersicht in Supreme Court Practice, 18/7/5.

262 James v. Smith, [1891] 1 Ch. 384 (389).

263 Supreme Court Practice, 18/7/5 m.v.N.; vgl. auch unten C. IV.

264 Hall v. Eve (1876), 4 Ch.D. 341 (345); *Odgers*, Pleading, S. 95; Supreme Court Practice, 18/7/6; *Millar*, Pleading, vol. I, S. 50; *Cohn*, ZZP 73, S. 328.

265 *Jacob*, Current Legal Problems 1960, S. 171 (174); *Radcliffe & Cross*, S. 316.

266 Zur Unterscheidung des englischen Anwaltsstands vgl. Bibliographical Guide, S. 29 m.w.N. und unten § 4 C. III. 1. + 4.

267 *Cohn*, Gerichtstag, S. 23; *Zander*, S. 58; Bibliographical Guide, S. 30.

268 Supreme Court Practice, O. 18, Einl. S. 257.

269 *Cohn*, ZZP 73, S. 332.

III. Fristen

Zu einer Straffung des Verfahrens trägt auch bei, daß die Anfertigung bzw. Zustellung der Schriftsätze einem festen Zeitplan unterliegt[270], der freilich, wenn eine entsprechende schriftliche Parteivereinbarung besteht, nicht eingehalten zu werden braucht[271]. Wird die Fristverlängerung verweigert, kann ein dementsprechender Antrag an den „Master" gestellt werden[272]. Gewöhnlich erübrigt sich aber ein solcher Antrag, da die Anwälte gegenseitige Rücksichtnahme üben[273].

In der Regel soll eine Partei innerhalb von vierzehn Tagen den Vortrag des Gegners beantworten[274]. Diese knappe Frist trägt dazu bei, daß das Verfahren keine ungebührlich lange Zeit in Anspruch nimmt[275]. Wo es der Kläger versäumt, seine Klagebegründung rechtzeitig zuzustellen[276], geht er das Risiko ein, daß das Gericht die Klage auf einen entsprechenden Antrag des Beklagten hin abweist[277]. Reicht der Beklagte seine Verteidigungsschrift nicht rechtzeitig ein, kann auch der Kläger unter bestimmten Voraussetzungen ein Versäumnisurteil erhalten[278]. Gewöhnlich wird daher der Schriftsatzwechsel abgeschlossen (close of pleading), wenn vierzehn Tage seit der Zustellung der Replik bzw. in Fällen, wo eine solche nicht erforderlich ist, vierzehn Tage seit der Zustellung der Verteidigungsschrift vergangen sind[279]. Das Gesetz impliziert, daß die Parteien zu diesem Zeitpunkt den Kernpunkt ihrer Meinungsverschiedenheit herausgearbeitet haben[280].

IV. Änderung des Vortrags

Grundsätzlich sind die Parteien an das, was sie in den Schriftsätzen darlegen, gebunden. Sie können ihren Vortrag schon im Vorverfahren nicht beliebig ändern und sind auch in der mündlichen Verhandlung auf die in den „Pleadings" enthaltenen Streitpunkte festgelegt[281], d. h.

---

[270] *Odgers*, Pleading, S. 73 ff.; *Löwenkamp*, S. 98; *Cohn*, ZZP 73, S. 330.

[271] O. 3 r. 5 (3) RSC.

[272] O. 3 r. 5 (1) RSC.

[273] *Cohn*, ZZP 73, S. 330.

[274] Vgl. O. 18 r. 1, r. 2, r. 3 (4) RSC.

[275] Zu den Folgen der Fristüberschreitung im einzelnen vgl. *Linke*, S. 69 ff.

[276] Ist die Klagebegründung nicht mit dem „Writ" verbunden, beginnt die 14tägige Frist in dem Zeitpunkt, in dem sich der Beklagte zur Sache eingelassen hat, O. 18 r. 1 RSC; vgl. Sweeney v. Sir Robert McAlpine & Son Ltd., [1974] 1 All E.R. 474 (477).

[277] O. 19 r. 1 RSC.

[278] O. 19 rr. 2 - 7 RSC.

[279] O. 18 r. 20; O. 18 r. 14 (2 a) RSC.

[280] O. 18 r. 14 RSC.

[281] *Jacob*, Ann. Surv.Commonw.L. 1968, S. 729; *Löwenkamp*, S. 90.

sie dürfen sich nicht auf Tatsachen berufen, die sie nicht schriftsätzlich vorgetragen haben (rule against departure)[282].

Allerdings ist es unter gewissen Voraussetzungen möglich, daß eine Partei ihren eigenen Schriftsatz abändert[283], wenn sich zwischenzeitlich neue Vorkommnisse ereignet haben, die den Fall in einem anderen Lichte erscheinen lassen, oder wenn die zunächst vorgetragenen Tatsachen ergänzt bzw. berichtigt werden müssen.

Man unterscheidet zwischen einer Veränderung, die ohne Erlaubnis des Gerichts vorgenommen werden darf[284], und einer, die eine entsprechende Zustimmung erfordert[285]. Bevor der Schriftsatzwechsel abgeschlossen ist, hat jede Partei ohne weiteres das Recht, ihren Vortrag einmal zu ändern[286]; jede weitere Erneuerung bedarf hingegen der Zustimmung des Gerichts[287]. Die Kosten, die im Zusammenhang mit der Abänderung des Schriftsatzes anfallen, gehen zu Lasten der abändernden Partei, es sei denn, daß der „Master“[288] eine andere Anordnung trifft[289]. Immer, wenn eine Berichtigung vorgenommen wird, gleichgültig, ob mit oder ohne Erlaubnis des Gerichts, darf die gegnerische Partei ihrerseits ihren Vortrag von sich aus ohne Bewilligung des „Masters“ ändern[290], allerdings nur insoweit, als dies erforderlich ist, um den berichtigenden Äußerungen des Gegners entgegentreten zu können[291]. Ansonsten erfordert eine Abänderung des schriftsätzlichen Vortrags die Zustimmung des Gerichts, das auch weitgehende Änderungen der Schriftsätze zulassen kann[292]. Dadurch wird die ursprünglich strenge Handhabung der Regelung, wonach der in der mündlichen Verhandlung vorgestellte Fall von den „Pleadings“ gedeckt sein muß (rule against departure), sehr gelockert[293]. Denn heutzutage ist es möglich, auch in einem sehr späten Stadium des Verfahrens, die richterliche Zustimmung zur Abwandlung des Schriftsatzinhalts zu bekommen.

---

282 O. 18 r. 10 RSC.

283 O. 20 RSC.

284 O. 20 r l, rr. 3 - 4 RSC.

285 O. 20 r. 2, rr. 5 - 8 RSC.

286 O. 20 r. 3 (1) RSC.

287 O. 20 r. 5 RSC.

288 Zur Stellung des „Masters“ vgl. unten § 3.

289 O. 62 r. 3 (3) RSC.

290 O. 20 r. 3 (2) RSC.

291 Supreme Court Practice, 20/3 - 4/5; Squire v. Squire, [1972] 1 All E.R. 891 (896) C.A.; vgl. auch *Jacob*, Ann.Surv.Commonw.L. 1972, S. 526 (539).

292 *Jacob*, Current Legal Problems 1960, S. 171 (177).

293 Steward v. North Metropolitan Tramway & Co. (1886), 16 Q.B.D. 556 (558); J. Leavey & Co. Ltd. v. Hirst, [1943] 2 All E.R. 581; vgl. auch *Walker & Walker*, S. 263 m.w.N.

In formeller Hinsicht macht das Gericht die Erlaubnis von einer exakten Darlegung der beabsichtigten Änderung abhängig[294]; denn einmal erstreckt sich die Zustimmung zur Berichtigung in der Regel nur auf bestimmte Teile des Schriftsatzes und nicht auf den Vortrag im allgemeinen[295]; zum anderen ist eine genaue Unterrichtung des Gegners erforderlich, um Ungerechtigkeiten zu vermeiden.

Im Hinblick auf die inhaltliche Zulässigkeit der Berichtigung läßt sich generell sagen, daß alle dahingehenden Anträge positiv beschieden werden, die zu dem Zweck erfolgen, Fehler oder Irrtümer zu korrigieren bzw. die wirkliche Streitfrage zwischen den Parteien zu bestimmen[296].

"Courts do not exist for the sake of discipline, but it seems to me they exist for the sake of deciding matters in controversy. I do not regard it as a matter of favour or of grace which the Court extends ... it is as much a matter of right on their part to have it corrected, if it can be done on terms and without injustice[297]."

Die Grundregel ist also die, daß alle Berichtigungen zugelassen werden, gleichgültig, in welchem Stadium des Verfahrens, sofern der gegnerischen Partei daraus keine Nachteile erwachsen bzw. nur solche Nachteile, die kostenmäßig kompensiert werden können[298]. Daraus folgt, daß vor Beginn der mündlichen Verhandlung die Zustimmung regelmäßig erteilt wird, es sei denn, daß sich die Position der gegnerischen Partei dadurch — obgleich die mehr entstehenden Kosten nicht von ihr getragen zu werden brauchen — verschlechtert[299]. Dies ist z. B. der Fall, wenn sie auf einen notwendigen Zeugen nicht mehr zurückgreifen kann[300].

"My practise has always been to give leave to amend unless I have been satisfied that the party applying was acting mala fide, or that, by his plunder, he had done some injury to his opponent which could not be compensated for by costs or otherwise[301]."

Je weiter das Verfahren fortgeschritten ist, desto eher untersagt das Gericht die Abänderung der Schriftsätze, weil sich die Wahrscheinlichkeit für eine Beeinträchtigung des Gegners erhöht[302]. Es wird dann auch

---

294 J. Leavey & Co. Ltd. v. Hirst, 582.

295 Supreme Court Practice, 20/5 - 8/4.

296 O. 20 r. 8 RSC; G.L. Baker Ltd. v. Medway Building & Supplies Ltd., [1958] 3 All E.R. 540 (546) C.A.

297 *Bowen* L.J., in Cropper v. Smith (1884), 53 L.J.Ch. 891 (896) C.A.

298 Supreme Court Practice, 20/1/1 A; Tildesley v. Harper (1878), 10 Ch.D. 393 (396, 397); Clarapede v. Commercial Union Association (1883), 48 L.J.Ch. 495 ff.; Baker v. Medway Building, 548 (549); vgl. auch *Archibald*, S. 124; Hunt v. Rice & Son Ltd. (1937), 53 T.L.R. 931 (932, 933).

299 Steward v. North Metropolitan Tramway & Co., 558, 559.

300 *Odgers*, Pleading, S. 170.

301 *Bramwell* L.J., in Tildesley v. Harper, 396.

302 James v. Smith, [1891] 1 Ch. 384 (389).

berücksichtigen, ob die neuen Tatsachen, die eine Berichtigung des Schriftsatzes erstrebenswert erscheinen lassen, nicht schon zu einem früheren Zeitpunkt erkennbar waren[303], oder ob die zusätzlichen Tatsachen eine ungebührliche Verzögerung des Prozesses bewirken können[304].

Abschließend läßt sich sagen, daß das Gericht die Möglichkeit hat, alle Korrekturen zuzulassen, die für eine gerechte Entscheidungsfindung erforderlich sind[305].

V. Beanstandung regelwidriger Schriftsätze

Wenn auch die Reformen des letzten Jahrhunderts darauf abzielten, die Parteien von Zwängen bei der Abfassung der „Pleadings" zu befreien, war man sich doch darüber einig, daß die besten Vorschriften nutzlos sind, wenn keine Mittel zu ihrer Durchsetzung bestehen.

> "It seems to me that the rule that the Court is not to dictate to parties how they should frame their case, is one that ought always to be preservered sacred. But that rule is, of course, subject to this modification and limitation, that the parties must not offend against the rules of pleading which have been laid down by the law, and if a party introduces a pleading which is unnecessary, and it tends to prejudice, embarrass, and delay the trial of the action, it then becomes a pleading which is beyond his right[306]."

Auch das moderne Recht verlangt vom Gericht, daß es zunächst die Schriftsätze untersucht, um sodann den Rechtsstreit auf der Basis der Schriftsätze zu entscheiden[307]. Es ist zwar für die meisten Anwälte eine Selbstverständlichkeit, nur gut durchdachte und klar abgesetzte Schriftsätze abzuliefern; gleichwohl sind aber auch Fälle zu verzeichnen, in denen die Regeln nicht oder nur unzureichend beachtet werden. Es fragt sich daher, welche Möglichkeiten in solchen Fällen gegeben sind, die Erfüllung der gesetzlichen Anordnungen zu erzwingen.

1. Nachreichen von „Particulars"

Die englischen Schriftsätze entsprechen gewöhnlich dem Erfordernis der Kürze. Sie enthalten eher zu wenig Informationen als zu viele[308], so daß der Gegner darauf dringen muß, Einzelheiten zu erfahren[309].

---

[303] Hipgrave v. Case (1885), 28 Ch.D. 356 (360); Davie v. New Merton Board Mills Ltd., [1956] 1 All E.R. 379 (381); Leavey v. Hirst, 583.

[304] *Odgers*, Pleading, S. 170.

[305] Chatsworth Investments Ltd. v. Cussins Ltd., [1969] 1 All E.R. 143 (145) C.A.; Sterman v. E.W. & W.J. Moore, [1970] 1 All E.R. 581 (585).

[306] *Bowen* L.J., in Knowles v. Roberts (1888), 38 Ch.D. 263 (270).

[307] *Wilson*, S. 340; Day v. William Hill, [1949] 1 All E.R. 219 (220).

[308] *Cohn*, ZZP 73, S. 334.

[309] O. 18 r. 12 RSC.

Wenn eine Partei meint, daß ihr nicht alles mitgeteilt wurde, worauf sie einen Anspruch hat, wendet sie sich zunächst direkt an den Gegner mit der Bitte um Bekanntgabe von „Particulars“, da sonst das Gericht seine Intervention verweigern kann[310]. Führt das nicht zum Erfolg, darf sich die Partei an den „Master“ wenden, der dann gegebenenfalls den Gegner zu näheren Angaben veranlaßt[311, 312]. Welche Einzelheiten das Gericht anfordert, liegt in seinem Ermessen[313]. Dabei wird es von Sinn und Zweck der „Particulars“ ausgehen. Deren Funktion liegt in der Durchsetzung des wesentlichen Grundsatzes englischer Rechtsstreitigkeiten, wonach eine faire, offene und ohne Überraschung verlaufende Auseinandersetzung zwischen den Parteien gewährleistet sein soll[314]. Im Gegensatz zu den „Common Law Pleadings“, als es galt, soviel wie möglich von dem zu verbergen, was man in der Hauptverhandlung vorzubringen gedachte, ist das Gericht heute mit der Anordnung von „Particulars“ wesentlich freizügiger[315]; man will damit erreichen, daß der wirkliche Sachverhalt die Entscheidungsgrundlage bildet.

2. *Auslassen wesentlicher Fakten*

Der Unterschied zwischen dem Auslassen wesentlicher und der Darlegung ungenauer Tatsachen besteht darin, daß man im ersten Fall den Rechtsstreit verlieren[316], im zweiten Fall die Einzelheiten immer noch nachtragen kann, allerdings unter Auferlegung der zusätzlichen Kosten[317]. Eine Partei darf grundsätzlich nur solche Tatsachen im Prozeß beweisen, die sie in den „Pleadings“ vorgetragen hat[318]. Bei Abweichungen ist die Klage in der Regel abzuweisen, es sei denn, daß es sich nur um geringfügige Abänderungen handelt, oder um eine nähere Bestimmung bzw. Weiterentwicklung des Tatsachenvortrags[319].

Zwar hat der Richter auch in einem späteren Stadium des Verfahrens die Möglichkeit, den Parteien den Vortrag zusätzlicher Tatsachen zu

---

310 O. 18 r. 12 (6) RSC; *Reynold*, S. 107.

311 O. 18 r. 12 (3) RSC.

312 Die Anordnung erfolgt regelmäßig in der ersten Anhörung vor dem „Master“, vgl. unten § 3 B. II.

313 Supreme Court Practice, 18/12/35.

314 *Jacob*, Ann.Surv.Commonw.L. 1972, S. 526 (537, 538).

315 Spedding v. Fitzpatrick (1888), 38 Ch.D. 414 = (1889), 58 L.J.Ch. 139 (140).

316 Collette v. Goode (1878), 47 L.J.Ch. 370 (371); Byrd v. Nunn (1877), 5 Ch.D. 781; 7 Ch.D. 284 (285).

317 *Odgers*, Pleading, S. 112.

318 *Odgers*, Pleading, S. 93; *ders.*, Common Law, S. 547; *Millar*, Pleading, vol. I, S. 59; *Cohn*, ZZP 73, S. 336; Re Wrightson, [1908] 1 Ch. 799; Phillips v. Phillips, 138; vgl. auch oben C. II. 3.

319 Waghorn v. George Wimpey & Co. Ltd., [1970] 1 All E.R. 474 (479); Esso Petroleum v. Southport Corporation, [1954] 2 All E.R. 561 (574).

erlauben[320]. Einen abändernden Zusatz wird er aber regelmäßig nur gestatten, wenn der Prozeß dadurch nicht ungebührlich verzögert und die gegnerische Partei dadurch nicht in ihren Verteidigungsmöglichkeiten eingeschränkt wird[321]. Grundsätzlich sind die Gerichte jedoch eher willens, die Erlaubnis zur Verbesserung regelwidriger „Pleadings" zu erteilen, als eine Entscheidung unter Nichtbeachtung des wahren Sachverhalts zu fällen[322].

3. *Ausstreichen eines Schriftsatzes oder einzelner Ausführungen*

Das strengste Mittel, regelwidrige „Pleadings" zu ahnden, besteht darin, daß das Gericht den Schriftsatz als nicht vorhanden betrachtet. Dieses ist bei folgenden Verstößen denkbar:

— Der Schriftsatz enthüllt keinen vernünftigen Grund für die Klage bzw. die Verteidigung[323].
— Der Schriftsatz oder ein Teil von ihm enthält skandalöse oder offensichtlich unhaltbare Äußerungen[324].
— Der Schriftsatz ist geeignet, das faire Gerichtsverfahren zu verwirren oder zu verzögern oder sein Inhalt läßt auf eine mißbräuchliche Inanspruchnahme des Gerichts schließen[325].

Liegt ein solcher vorschriftswidriger Inhalt vor, kann der Gegner beim „Master" beantragen, daß das Gericht den Schriftsatz als nicht vorhanden ansehen möge[326]. Wird der Schriftsatz daraufhin eliminiert, so kann das Gericht in einem summarischen Verfahren die Klage verwerfen bzw. den Beklagten verurteilen[327]. Nicht jeder der oben genannten Verstöße gegen die Prozeßordnung wird aber in dieser Weise behandelt[328]. Der Gegner muß zeigen, daß die Unregelmäßigkeit eine Beeinträchtigung seiner Rechte zur Folge hat. Eine gewisse Schwere des Verstoßes ist daher erforderlich; denn die Regel will nicht die formale Einrede des „special demurrer"[329] in einem neuen Gewand wieder aufleben lassen[330]. Wo eine Berichtigung dazu führt, den Fehler zu beseitigen, wird das Gericht die erforderliche Erlaubnis erteilen[331].

---

320 Hunt v. Rice & Son Ltd. (1937), 53 T.L.R. 931; zu der Möglichkeit der Änderung der „Pleadings" im einzelnen vgl. oben C. IV.

321 Cropper v. Smith (1884), 26 Ch.D. 710, 711 = 53 L.J.Ch. 891 (896).

322 Vgl. *Kiralfy*, S. 275.

323 O. 18 r. 19 (1 a) RSC; vgl. auch Cashin v. Cradock (1875), 3 Ch.D. 376 (377).

324 O. 18 r. 19 (1 b) RSC.

325 O. 18 r. 19 (1 c) RSC.

326 *Odgers*, Pleading, S. 152.

327 *Odgers*, Pleading, S. 153; Supreme Court Practice, 18/19/3.

328 Supreme Court Practice, 18/19/1.

329 Vgl. oben B. I. 2. c).

Gibt der Schriftsatz keine Auskunft über Tatsachen, die zur Schlüssigkeit der Klage bzw. zur Erheblichkeit der Verteidigung notwendig sind[332], läßt das Gericht in der Regel diesen Schriftsatz zwar unberücksichtigt, es gewährleistet aber der betreffenden Partei gleichzeitig das Recht, ihren Vortrag zu verbessern[333]. Allein die Tatsache, daß die abgegebenen Behauptungen auf so schwachen Füßen stehen, daß kaum Aussicht auf Erfolg besteht, ist kein Grund, den Schriftsatz zu eliminieren[334].

"... our judicial system would never permit a plaintiff to be driven from the judgment seat in this way without any Court having considered his right to be heard, excepting in cases where the cause of action was obviously and almost incontestably bad[335]."

Nur in eindeutigen und offensichtlichen Fällen wird der Fehler zum sofortigen Verlust der Klage führen, z. B. wenn der Schriftsatz einen Anspruch enthält, der sich auf zivilprozessualem Wege nicht durchsetzen läßt[336], wie etwa Spielschulden.

Ausführungen, die darauf abzielen, den Gegner in den Augen des Gerichts herabzusetzen, sind nicht ungehörig im Sinne der Prozeßordnung, solange sie materiell-rechtlich von Bedeutung sind[337]. Ist die Äußerung dagegen für die Entscheidung nicht erheblich, wie z. B. die nichtssagende Redensart, daß der Beklagte schon immer ein säumiger Schuldner gewesen sei, streicht das Gericht sie aus. Da die „Pleadings" aber ohnehin auf die Information des Gegners zielen und nicht die Meinung des Gerichts beeinflussen wollen[338], kann der Schriftsatzverfasser leichten Herzens auf solche Floskeln verzichten.

Ungenaue oder überflüssige Ausführungen in einem Schriftsatz bleiben zwar unberücksichtigt, führen aber nicht zur Ausstreichung des Schriftsatzes als ganzes, solange sie nicht weiter schädlich sind[339]. Das Gericht hat es allerdings in Händen, der betreffenden Partei die daraus entstehenden zusätzlichen Kosten aufzuerlegen[340].

---

[330] Tomkinson v. S.E. Railway (1887), 57 L.T. 358 (360); Rock v. Pursell (1887), 84 L.T.J. 45; Dyson v. Attorney-General, [1911] 1 K.B. 410 (418).

[331] Steeds v. Steeds (1889), 58 L.J.Q.B. 302 (304).

[332] Vgl. C. II. 3.

[333] Supreme Court Practice, 18/19/5.

[334] Wenlock v. Moloney, [1965] 2 All E.R. 871 (873/4); Shaw v. Shaw, [1954] 2 All E.R. 638 (645).

[335] Dyson v. Attorney-General, 419.

[336] Brooking v. Maudsleay (1886), 55 L.T. 343; Day v. William Hill Ltd., [1949] 1 All E.R. 219 (223, 224) C.A.; Law v. Dearnley, [1950] 1 All E.R. 124 (134) C.A.

[337] Christie v. Christie (1873), 42 L.J.Ch. 544; Millington v. Loring (1881), 6 Q.B.D. 196 = (1881), 50 L.J.Q.B. 214 (217) C.A.

[338] *Cohn*, Gerichtstag, S. 23.

[339] Rock v. Purssell (1887), 84 L.T.J. 45.

VI. Zusammenfassung und Ergebnis

Die „Pleadings" bilden das Fundament des englischen Zivilprozesses. Sie ermöglichen eine zweckmäßige und sachdienliche Gerichtstätigkeit. Die englische Hauptverhandlung in der bestehenden Form wäre nicht denkbar, wenn nicht schon im Vorverfahren — insbesondere durch die Schriftsätze — die wirklich wesentlichen Streitpunkte herausgearbeitet und festgestellt würden. Die „Pleadings" haben deswegen im Rahmen des modernen wie auch des klassischen englischen Zivilprozesses große Beachtung gefunden. Um zu gewährleisten, daß die Parteien die Streitpunkte selbst festlegen, sind diverse Leitsätze erarbeitet worden, deren Starrheit im traditionellen „Common Law" zu einer Vernachlässigung des materiellen Gerechtigkeitsgedankens geführt hatte.

Das geltende Recht kann zwar von sich behaupten, daß einerseits die für einen schnellen ordungsmäßigen Verfahrensablauf notwendigen Formalien vorhanden sind, es andererseits die Förmlichkeiten nur als Ausgangspunkt für die Wahrheitsfindung annimmt, wobei genügend Spielraum für eine ausgewogene Entscheidung des Einzelfalls besteht. Die besten Regeln sind aber nur so gut, wie sie in der Praxis akzeptiert und eingehalten werden. Es wird bemängelt, daß es den Schriftsätzen in neuerer Zeit teilweise an der nötigen Klarheit fehle und die Prozeßregeln nicht genügend Beachtung fänden. Es fehlt auch nicht an Untersuchungen, wie das bestehende System des Schriftsatzwechsels effektiver gestaltet werden kann[341]. Da es aber allein in den Händen des Gerichts liegt, mit welchem Nachdruck es von den Parteien die Einhaltung der prozeßrechtlichen Regeln verlangt, kann man voraussetzen, daß Konzessionen bezüglich des vorgeschriebenen Inhalts der Schriftsätze nur so weit gehen, daß der ordnungsmäßige Verfahrensablauf dadurch nicht beeinträchtigt wird.

---

340 O. 62 r. 7 RSC; Weymouth v. Rich (1855), 1 T.L.R. 609; Davie v. New Merton Board, 381.

341 Vgl. *Jacob*, Current Legal Problems 1960, S. 184 ff.

§ 3 Die weitere Vorbereitung der Hauptverhandlung und der mündliche Vortermin

Die Hauptverhandlung englischen Stils kann aber nicht allein auf den Schriftsätzen aufbauen[1]; es muß noch eine weitere Vorarbeit geleistet werden, um die mündliche Verhandlung in derart konzentrierter Form, wie sie dem englischen Prozeßrecht eigen ist, abrollen zu lassen.

Nach Abschluß des Schriftsatzwechsels und vor Beginn der mündlichen Verhandlung gibt es daher noch ein Zwischenstadium, dessen Sinn und Zweck es ist, die Hauptverhandlung in allen Einzelheiten vorzubereiten und eine Bestandsaufnahme über die bislang herausgearbeiteten Streitpunkte zu ermöglichen[2]. Dieser Verfahrensabschnitt dient der Entlastung der mündlichen Verhandlung; hier sollen alle Fragen geklärt werden, die nicht notwendigerweise Bestandteil der späteren Anhörung durch den Richter sein müssen[3]. Fragen, die ausschließlich durch den Richter entschieden werden können und daher unbedingt der Erörterung in der mündlichen Verhandlung bedürfen, gibt es relativ wenige. Sämtliche prozeßleitenden Verfügungen sowie beweisanordnende Maßnahmen gehören nicht zu den Aufgaben des Richters. Ihm obliegt, gegebenenfalls im Zusammenwirken mit einer „Jury", nur die Entscheidung der wesentlichen tatsächlichen und rechtlichen Streitfragen. Der Richter wird erst am Ende einer Kette vorbereitender Maßnahmen tätig. Damit soll erreicht werden, daß der Prozeßstoff, wie er sich dem Richter in der mündlichen Verhandlung offenbart, bereits eingehend bearbeitet bzw. überarbeitet wurde, wobei Nebensächliches auszusondern und Wesentliches zu betonen ist. Selbstverständlich müssen die vorbereitenden Maßnahmen desto intensiver und vielfältiger sein, je geringer der Prozeßstoff in der mündlichen Verhandlung sein soll.

Die gründliche vorbereitende Betrachtung der Streitfragen verbunden mit der Untersuchung der zur Verfügung stehenden Beweismittel zielen darauf ab, die Hauptverhandlungen zu verkürzen und den Par-

---

[1] Dies war zwar bis gegen Ende des 19. Jahrhunderts der Fall; die Komplizierung der zu beurteilenden Sachverhalte hat aber ein weitergehendes Vorverfahren sinnvoll erscheinen lassen.

[2] *Radcliffe & Cross*, S. 318; *Zander*, S. 75; Supreme Court Practice, 25/1/1; *Jackson*, S. 90; *Jacob & Wheatcroft*, S. 13.

[3] *Bunge*, ZPO, S. 88.

teien unnötige Kosten zu ersparen[4]. Um die Durchführung der mündlichen Verhandlung nicht noch kostspieliger zu machen, als sie ohnehin schon ist, kommt es darauf an, daß Streitfragen, die sich später als gar nicht bestehend bzw. nur von untergeordneter Bedeutung erweisen, frühzeitig ausgesondert werden[5]. Die Streitfragen sollten zwar bereits in den Schriftsätzen klar herausgearbeitet worden sein. Bei genauerer Betrachtung stellt sich aber häufig heraus, daß es Tatsachen gibt, die in Wirklichkeit nicht strittig sind bzw. ohne Beeinträchtigung der eigenen Stellung innerhalb des Rechtsstreits zugegeben werden können, so daß sich eine Beweisaufnahme insofern entweder ganz erübrigt oder der kostenintensive Zeugenbeweis möglicherweise durch den Urkundenbeweis ersetzt werden kann[6]. Während die Aufgabe des Schriftsatzwechsels darin besteht, herauszufinden, welche Behauptungen eine Partei aufstellt, ist es somit vordringliche Aufgabe des nachfolgenden Vorverfahrens, sicherzustellen, welche Tatsachen überhaupt bewiesen werden müssen und welche Beweise vorhanden sind, um die bestrittenen Fakten zu belegen[7].

Die Leitung und Überwachung dieses Verfahrensabschnitts liegt in den Händen des „Masters“[8], einem richterlichen Hilfsbeamten in Zivilsachen[9]. Die zu dem Aufgabenbereich des „Masters“ gehörenden Interventionsmöglichkeiten sind sehr vielfältig. Allgemein läßt sich sagen, daß er alle notwendigen Maßnahmen veranlaßt, die getan werden müssen, um die schriftlichen Ausführungen der Parteien zu ergänzen bzw. zu korrigieren[10].

Dieser Teil des Vorverfahrens findet in nichtöffentlicher Sitzung, „in chambers“[11], statt; die Verständigung erfolgt teilweise in schriftlicher, teilweise in mündlicher Form.

Zu den wesentlichen vorbereitenden Verfahrensmaßnahmen gehört es, daß jede Partei die ihr zugänglichen Urkunden dem Gegner nennt und ihm die Möglichkeit der Einsichtnahme gewährt[12] (discovery of

---

[4] Supreme Court Practice, 25/1/1; *Diamond*, L.Quart.Rev. 75 (1959), S. 47; *Odgers*, Pleading, S. 260.

[5] *Diamond*, L.Quart.Rev. 75 (1959), S. 48; *Jacob & Wheatcroft*, S. 13; vgl. auch O. 25 r. 1 RSC.

[6] *Odgers*, Common Law, S. 570; ders., Pleading, S. 260.

[7] *Mosse*, S. 182.

[8] *Diamond*, Am.B.Ass.J. 47 (1961), S. 697 (700); *Forster*, S. 14, 15; *Odgers*, Pleading, S. 260.

[9] Zur Stellung des „Masters“ vgl. *Bunge*, Richterpersonal, S. 14; *Cohn*, Gerichtstag, S. 27.

[10] *Cappelletti*, procédure orale, S. 17; vgl. auch O. 25 r. 3, r. 4 RSC.

[11] *Bunge*, Richterpersonal, S. 15; *Radcliffe & Cross*, S. 230; *Archibald*, S. 122.

[12] *Zander*, S. 63; *Radcliffe & Cross*, S. 319.

documents), und daß die eine Partei der Gegenpartei schriftliche, auf den Rechtsstreit bezügliche Fragen stellen kann, die letztere wahrheitsgemäß zu beantworten hat (interrogatories)[13]. Während die Offenlegung der Dokumente in der Regel automatisch nach Abschluß des Schriftsatzwechsels stattfindet, ohne daß es einer entsprechenden gerichtlichen Anordnung bedarf[14], können die schriftlichen Fragen nur mit Zustimmung des Vorverfahrensrichters gestellt werden[15]. Dieser prüft die Fragen und gibt gegebenenfalls seine Zustimmung in einem mündlichen Termin, in dem er auch noch andere, den Verfahrensablauf betreffende Anordnungen trifft (summons for directions)[16].

A. Entwicklung des Verfahrensabschnitts

Die Offenlegung der im Zusammenhang mit dem Rechtsstreit stehenden Urkunden und Fakten in einem mündlichen Vortermin ist ein relativ junges Institut innerhalb der englischen Rechtspflege, jedenfalls soweit es sich um zivilprozessuale Angelegenheiten handelt, die zur Zuständigkeit der ehemaligen „Common Law Courts" gehören; in diesem Bereich hat es sich erst im vergangenen Jahrhundert entwickelt[17]. Im „Court of Chancery"[18] gab es demgegenüber bereits gegen Ende des 18. Jahrhunderts ein Verfahren, das es den Parteien ermöglichte, auf den Rechtsstreit bezügliche Fragen durch eidliche Erklärung beantworten zu lassen bzw. eine eidesstattliche Versicherung darüber zu erhalten, ob und welche für den Rechtsstreit relevanten Urkunden der Gegner besitze[19].

Diese Praxis des „Court of Chancery" war auf die im Vergleich zu den „Common Law Courts" völlig andere Beweismethode zurückzuführen; denn in den „Equity"-Gerichten kannte man keine mündliche Beweiserhebung, so daß alle Zeugen schriftlich befragt werden mußten[20]. Demgegenüber bestand in den „Common Law"-Gerichten die Möglichkeit, sich schriftliche Fragen vom Gegner beantworten bzw. die

---

[13] *Odgers*, Common Law, S. 577; *Zander*, S. 64; *Mosse*, S. 183.

[14] *Zander*, S. 64; *Odgers*, Pleading, S. 236; Supreme Court Practice, 24/2/1.

[15] Supreme Court Practice, 26/1/6; *Odgers*, Pleading, S. 286.

[16] Vgl. unten § 3 B. II.

[17] *Archibald*, S. 121. Bis dahin waren die Schriftsätze das einzige Mittel, die Streitfragen zu bestimmen bzw. zu begrenzen und somit auch die Hauptverhandlung zu entlasten, vgl. *Sunderland*, Mich.L.Rev. 36 (1937 - 1938), S. 215 (216).

[18] Zu dessen Entstehungsgeschichte und Aufgaben vgl. *Löwenstein*, vol. 2, S. 28, 29.

[19] Supreme Court Practice, 24/1/1; *Schuster*, S. 109; *Holdsworth*, Legal History, vol. XV, S. 141; *James*, S. 179.

[20] Vgl. unten § 4 B. II.

wesentlichen Urkunden zwecks Einsichtnahme aushändigen zu lassen, nur unter ganz engen Voraussetzungen[21, 22]. Das Fehlen einer vorprozessualen Offenlegung von Urkunden und Fakten gehörte zu den wenigen Nachteilen, die sogar Blackstone dem „Common Law" anlastete[23].

Im Zuge der großen Reformmaßnahmen des vergangenen Jahrhunderts, die insbesondere auch eine Vereinheitlichung der Verfahren vor den verschiedenen Gerichten bezweckten[24], galt es, diese Unterschiede ebenfalls zu überwinden. Dies geschah durch verschiedene gesetzgeberische Maßnahmen in der Mitte des vorigen Jahrhunderts. Während diese einerseits in dem „Court of Chancery" die Einbringung mündlicher Beweise zuließen[25], ermöglichten sie andererseits für die „Common Law Courts" eine allgemeine Offenlegung von Dokumenten sowie die Stellung schriftlicher Fragen an den Gegner[26]. Die späteren Veränderungen durch die „Rules of the Supreme Court" haben an dieser Regelung nichts grundsätzliches geändert; sie zielten lediglich auf eine Steigerung der Effektivität des Vorverfahrens ab[27].

Das Vorverfahren leistungsgerechter zu gestalten, wurde auch dadurch angestrebt, daß möglichst viele Fragen und Zwischenstreite in einem mündlichen Vortermin vorab entschieden werden sollten. Die zuvor geübte Praxis war die, daß jede Zwischenverfügung besonders beantragt und über jeden Antrag besonders entschieden werden mußte.

Die Anwesenheit der Parteien vor einem richterlichen Beamten mit dem Zweck, sich darüber zu einigen, welche prozeßfördernden Maßnahmen getroffen werden könnten und welche Beweise in der mündlichen Verhandlung erforderlich seien, forderten namhafte Juristen des letzten Jahrhunderts, zu denen auch Bentham zählte[28].

---

21 So konnte man die Offenlegung einer Urkunde nur verlangen, nachdem man zuvor durch einen „Bill of Discovery" bei einem „Chancery Court" eine entsprechende Verfügung erwirkt hatte; vgl. Supreme Court Practice, 24/1/1; *Radcliffe & Cross*, S. 140.

22 Was die „Interrogaties" anbelangte, konnte man nur solche Erkundigungen anstellen, die sich auf die Vernehmung eines Zeugen bezogen, der nicht persönlich bei der mündlichen Verhandlung anwesend sein konnte; vgl. Supreme Court Practice, 24/1/1.

23 *Blackstone*, vol. III, S. 381.

24 Vgl. oben § 2 B. III.

25 15 & 16 Vict. c. 86 sec. 30 (Chancery Procedure Amendment Act 1852); vgl. auch unten § 4 B. II.

26 17 & 18 Vict. c. 125 sec. 50, 51 (Common Law Procedure Act 1854); vgl. auch *James*, S. 182.

27 Supreme Court Practice, 24/1/1; *Ross*, S. 8.

28 *Bentham*, book VII ch. V in works, vol. VII, S. 184 b, book VIII ch. XIII in works, vol. VII, S. 250 b.

Die Idee, „Summons for Directions" zu erlassen, wurde angenommen in dem Bericht des „Legal Procudure Committee" von 1881[29]. Danach sollte jeder Partei die Möglichkeit geboten werden, den „Master" um Erlaß von Zwischenverfügungen anläßlich eines mündlichen Vortermins zu bitten. Die „Rules of the Supreme Court 1883" sahen dann zwar einen mündlichen Vortermin vor, ohne ihn aber zwingend vorzuschreiben[30]. Dies geschah — jedenfalls für den Regelfall[31] — erst im Jahre 1933[32]. Seit der Zeit ist in England die Diskussion um eine Verfeinerung und Stärkung der Effektivität des Vorverfahrens nicht verstummt.

B. Das Vorverfahren im Spiegel der heutigen Praxis

I. Bereitstellung von Urkunden

Die englischen Juristen sehen es als eine selbstverständliche Pflicht an, daß die auf den Rechtsstreit bezüglichen Korrespondenzen und Urkunden vor Beginn der mündlichen Verhandlung offengelegt werden[33]. Für jede Partei ist es von Vorteil zu wissen, welche Urkunden der Gegner in seinem Besitz hat bzw. die Macht hat zu beschaffen und Kenntnis von deren Inhalt zu erlangen[34]. So können die Parteien leichter die Stichhaltigkeit der gegnerischen Argumente beurteilen, und sie brauchen nicht in der mündlichen Verhandlung mit der Vorlage von Urkunden zu rechnen, die den Fall in einem anderen Licht erscheinen lassen.

Jede Partei soll regelmäßig innerhalb von vierzehn Tagen nach Abschluß des Schriftsatzwechsels dem Gegner die wesentlichen — ihr zugänglichen — Dokumente offenbaren[35]. Der Begriff der wesentlichen Urkunden ist weit zu fassen. Er umfaßt nicht nur solche, die zu Beweiszwecken erforderlich sind, sondern schließt alle Dokumente ein, die zu dem Fall hinführen und ein Licht auf ihn werfen können[36]. Die Tatsache, daß es einer Partei unangenehm ist, ein spezielles Dokument offenzulegen, kann in der Regel als Indiz für seine Wesentlichkeit angesehen werden.

---

[29] Report of the Procedure Committee, L.J. 16 (1881), S. 469 f.

[30] O. 30 RSC 1883; vgl. auch *Millar*, Trial Court, S. 229.

[31] Zu den Ausnahmen vgl. O. 25 r. 1 (2) RSC.

[32] O. 30 rr. 1, 2 RSC; vgl. auch *Sunderland*, Mich.L.Rev. 36 (1937 - 1938), S. 221; die obligatorische Einführung einer Anhörung im Vorverfahren war in den Jahren davor insbesondere am Widerstand der Anwaltschaft gescheitert, vgl. *Snow*, L.Quart.Rev. 10 (1894), S. 78.

[33] *Cohn*, Gerichtstag, S. 29.

[34] *Odgers*, Pleading, S. 235; *Forster*, S. 14; *Mosse*, S. 183.

[35] *Ross*, S. 59; Supreme Court Practice, 24/2/1.

[36] *Archibald*, S. 125; vgl. auch White v. Spafford, [1901] 2 K.B. 241 = (1901), 70 L.J.K.B. 658 ff. C.A.

Da die Offenlegung der Urkunden sicherstellen soll, daß die Parteien in der Hauptverhandlung keine Überraschungen erleben, dürfen nur solche Urkunden als Beweismittel benutzt werden, die zuvor dem Gegner vorgelegt wurden[37]. Zu diesem Zweck sind die für den betreffenden Rechtsstreit bedeutsamen Urkunden in eine Liste einzutragen, die dem Gegner zu übermitteln ist[38]. Für die Aufstellung der Listen gibt es gewisse Regeln[39]. Sie müssen unterteilt sein nach Urkunden, die eine Partei hat und auch offenbaren will, und solchen, die eine Partei zwar besitzt, aber gleichwohl nicht zugänglich gemacht zu werden brauchen, weil sie aus bestimmten Gründen von der Pflicht zur Offenbarung befreit sind (claim of privilege)[40]. Schließlich müssen noch solche Urkunden aufgeführt werden, die eine Partei zwar einmal besaß, die sie nun aber nicht mehr in Besitz oder unter Kontrolle hat. Jede Partei hat sodann ein Recht darauf, die auf der Liste enthaltenen Urkunden einzusehen und gegebenenfalls Kopien zu machen.

Die Anfertigung der Urkundenliste sowie die Durchsicht aller verfahrenserheblichen Dokumente gehören zu den zeitraubenden und mühseligen Arbeiten eines „Solicitors“. Ehe schließlich alle Urkunden von Bedeutung zusammengetragen sind, sind häufig umfangreiche Korrespondenzen notwendig. Die anschließende Prüfung erfordert sodann uneingeschränkte Konzentration; denn hier werden die Weichen für einen späteren Erfolg oder Mißerfolg in dem Verfahren gestellt bzw. die Möglichkeiten für einen günstigen Vergleich abgetastet[41].

Unterläßt es eine Partei, eine solche Liste aufzustellen, oder wird das Recht der Einsichtnahme in irgendeiner Form beeinträchtigt, so wird der „Master“ in dem mündlichen Termin zur Vorbereitung der Hauptverhandlung gegebenenfalls die Anfertigung bzw. die Durchsicht anordnen[42]. Dessen Intervention kann auch dann beantragt werden, wenn Grund zu der Annahme besteht, daß die gegnerische Partei wesentliche Urkunden nicht in der Liste erwähnt hat[43]. Allerdings wird der „Master“ immer nur dann eine derartige Anordnung treffen, wenn dies für den fairen Ablauf der Verhandlung oder zur Ersparnis von Kosten erforderlich ist[44].

Die Herausgabe von beweiserheblichen Dokumenten gehört zu den Eigentümlichkeiten des englischen Prozeßrechts. Es erfordert schon

---

[37] *Ross*, S. 67.

[38] O. 24 rr. 1, 2 RSC.

[39] *Forster*, S. 14; *Odgers*, Pleading, S. 240; Form No. 26 App. A RSC.

[40] Vgl. *Odgers*, Pleading, S. 241; Supreme Court Practice, 24/5/5.

[41] Vgl. *Forster*, S. 14.

[42] O. 24 r. 3 RSC.

[43] O. 24 r. 7; White v. Spafford, [1901] 2 K.B. 241.

[44] O. 24 r. 8, r. 13 (1); vgl. auch *Ross*, S. 64.

große Selbstüberwindung, daß eine Partei Beweise gegen sich selbst offenlegt. Zwar müssen auch im deutschen Zivilprozeß die Parteien die Wahrheit sagen, sie stehen aber nicht unter dem Zwang, von sich aus die ganze Wahrheit zu sagen. In England erhalten sie demgegenüber die Unterstützung des Gerichts, um vom Gegner nach Möglichkeit die ganze Wahrheit herauszubekommen.

II. Mündlicher Vortermin

Die mündliche Besprechung des Rechtsstreits im Rahmen des Vorverfahrens muß vom Kläger beantragt werden, und zwar innerhalb eines Monats nach Beendigung des Schriftsatzwechsels[45]. Diese Frist soll ermöglichen, daß bei der ersten mündlichen Anhörung des Rechtsstreits die Urkunden bereits zugänglich gemacht wurden und die Parteien ausreichend Gelegenheit hatten, sich über ihre beabsichtigten Eingaben an den „Master" Gedanken zu machen[46]. Jede Seite hat der anderen eine genau präzisierte Darstellung der Anordnungen zu geben, um die sie den „Master" ersuchen wird[47].

Für den Antrag auf Erlaß des „Summons for Directions" muß eine vorgeschriebene Form gewahrt werden[48]; ein entsprechendes Formular enthält der Anhang zu den „Rules of the Supreme Court"[49]. Dieses umfaßt — ohne Anspruch auf Vollständigkeit — solche Angelegenheiten, die regelmäßig während des Stadiums der Vorbereitung wiederkehren und für den konkreten Fall vom Kläger bzw. Beklagten entsprechend markiert werden müssen[50].

Das Ergebnis der klägerischen Eingabe ist die Anberaumung eines mündlichen Termins, bei dem die Repräsentanten beider Parteien vor dem „Master" zu erscheinen haben. Dies ist der Zeitpunkt, in dem das Gericht zum ersten Male die Möglichkeit hat, sich mit der Natur des Rechtsstreits vertraut zu machen und seinen nachfolgenden Ablauf zu beeinflussen[51].

Die Dinge, mit denen sich der „Master" in dem Vortermin beschäftigt, sind vielgestaltig. Er hat alle Anordnungen zu treffen, die seiner Meinung nach einen schnellen und reibungslosen Ablauf des Prozesses fördern, teils unabhängig davon, ob ihn die Parteien um eine entspre-

---

[45] O. 25 r. 1 (1) RSC.

[46] *Odgers*, Pleading, S. 259; Supreme Court Practice, 25/1/1.

[47] *Diamond*, Am.B.Ass.J. 47 (1961), S. 697 (700).

[48] *Odgers*, Pleading, precedent no. 90, S. 515.

[49] Practice Form No. 51, Queen's Bench Masters' Practice Forms in Supreme Court Practice, Part II, para. 191.

[50] *Forster*, S. 15.

[51] *Forster*, S. 14.

chende Verfügung ersucht haben oder nicht[52]. Da kann es eine Anordnung geben, daß zwei oder mehrere Klagen miteinander verbunden werden dürfen[53], oder daß der Rechtsstreit vor einem anderen Gericht, insbesondere vor einem „County Court", verhandelt werden soll[54]; nun ist auch der passende Zeitpunkt, zu dem das Gericht entscheidet, ob die Schriftsätze zu ergänzen sind und etwaigen Änderungsanträgen stattzugeben ist[55, 56]; fiel die Offenbarung einzelner Urkunden nicht zur Zufriedenheit einer Partei aus, kann sie jetzt den „Master" um seine Unterstützung ersuchen. Der Beklagte muß anläßlich des Vortermins die prozessualen Einreden geltend machen, wie z. B. die Einrede des Schiedsvertrages. Der mündliche Vortermin bietet den Parteien auch Gelegenheit, gemeinsam mit dem „Master" zu beraten, wie die Kosten für die Beweisaufnahme möglichst gering gehalten werden können, etwa dadurch, daß auf die mündliche Befragung eines Zeugen zugunsten einer eidesstattlichen Versicherung verzichtet wird[57]. Der „Master" hat ferner darauf hinzuwirken, daß die Parteien solche Zugeständnisse machen, die vernünftigerweise gemacht werden müssen, um den Abschluß eines Vergleichs zu erleichtern[58].

III. Beantwortung der schriftlichen Fragen

Ein weiterer wesentlicher Bestandteil des Vorverfahrens ist die Beantwortung der den Rechtsstreit betreffenden schriftlichen Fragen (interrogatories).

Bezüglich der an den Gegner zu richtenden schriftlichen Fragen gilt, daß sie immer dann von Nutzen sind, wenn Grund zu der Annahme besteht, daß es bei der mündlichen Verhandlung eine ernsthafte Auseinandersetzung bezüglich der Fakten geben wird. Dann ist es von Vorteil, daß man dem Gegner Fragen stellen kann, die darauf abzielen, daß er die Tatsachen präzisiert, auf die er seinen Anspruch bzw. seine Verteidigung aufbauen will, so daß die fragende Partei weiß, welche Argumente sie zu erwarten hat. Nach Möglichkeit soll die Aufklärung dieser Fragen bereits in dem ersten mündlichen Vortermin erfolgen. In schwieriger gelagerten Fällen haben die Parteien auch Gelegenheit,

---

[52] O. 25 rr. 3, 4 RSC; *Odgers*, Pleading, S. 260, 262; *Kiralfy*, S. 275; *Millar*, Trial Court, S. 230.

[53] O. 4 r. 10 RSC; vgl. auch Healey v. A. Waddington & Sons Ltd., [1954] 1 All E.R. 861 (862).

[54] *Diamond*, Am.B.Ass.J. 47, S. 700; *Odgers*, Pleading, S. 265.

[55] O. 25 r. 2 RSC.

[56] Zur Frage, unter welchen Voraussetzungen Schriftsätze geändert bzw. ergänzt werden können, vgl. oben § 2 C. IV.

[57] O. 25 r. 3; O. 38 r. 2 RSC; zu den Fragen, die im Zusammenhang mit dem Beweisverfahren auftauchen können, vgl. *Odgers*, Pleading, S. 268.

[58] O. 25 r. 4 RSC.

um eine Vertagung des Vortermins zu bitten, damit sie den Rechtsstreit weiter vorbereiten[59] und insbesondere auch die Fragen entwerfen können, deren Beantwortung sie zur Aufklärung des Sachverhalts benötigen.

Eine Befragung des Gegners ist nur mit Zustimmung des „Masters" erlaubt[60]. Dieser hat alle Fragen anhand der konkreten Umstände des Einzelfalles daraufhin zu beurteilen, ob sie für eine faire Prozeßführung erforderlich sind oder der befragten Partei eine unzulässige Offenbarung abverlangen[61]. Der „Master" wird nur solche Fragen gutheißen, die im Interesse eines gerechten bzw. rationellen Verfahrensablaufs liegen[62].

Für die Zulässigkeit von „Interrogatories" läßt sich nur schwer eine einheitliche Regel aufstellen. Die Fragen müssen von wesentlicher Bedeutung für den betreffenden Rechtsstreit sein; ferner ist auf ihren Sinn und Zweck abzustellen. Die Parteien wollen einerseits vom Gegner Eingeständnisse erlangen, um ihre eigenen Behauptungen leichter beweisen zu können, andererseits wollen sie die genauen Gedankengänge des anderen Prozeßbeteiligten ermitteln, um ihnen besser entgegentreten zu können[63]. Daher dürfen solche Fragen gestellt werden, deren Beantwortung geeignet sein kann, die Darstellung der eigenen Partei zu untermauern oder aber die gegnerische Darstellung in Frage zu stellen[64]. Dabei brauchen sich die Fragen nicht auf die wesentlichen Fakten zu beschränken, die für einen substantiierten Vortrag der Klage bzw. der Verteidigung erforderlich sind, sondern sie dürfen sich auch auf solche Tatsachen erstrecken, die für den Beweis der Behauptungen der fragenden Partei von Bedeutung sind[65]. Insoweit ist der Inhalt der zulässigen Fragen weiter gesteckt als der des Inhalts der Schriftsätze[66]. Allerdings kann man auch im Wege der „Interrogatories" nicht erfahren, wie der Gegner die von ihm behaupteten Tatsachen zu beweisen gedenkt, insbesondere welche Zeugen er auftreten lassen will[67]. Bis zur

---

59 O. 25 r. 2 (7); *Odgers*, Pleading, S. 261.

60 O. 26 r. 1 RSC.

61 Heaton v. Goldney (1910), 79 L.J.K.B. 541 (543).

62 O. 26 r. 1 (3) RSC.

63 *Odgers*, Pleading, S. 279; *Jacob*, Current Legal Problems 1960, S. 189; *Ross*, S. 58, 71, 73; *Kiralfy*, S. 276.

64 Lyle-Samuel v. Odhams Ltd., [1920] 1 K.B. 135 (137, 140); Plymouth Mutual Co-operative and Industrial Society v. Traders' Publishing Association Ltd. (1906), 75 L.J.K.B. 259 (265); Hennessy v. Wright (1888), 4 T.L.R. 662 (664); Attorney-General v. Gaskill (1882), 51 L.J.Ch. 870 (872).

65 Attorney-General v. Gaskill, 872.

66 *Odgers*, Pleading, S. 281; vgl. auch Attorney-General v. Gaskill, 872, 873.

67 Lever Brothers v. Associated Newspaper (1907), 76 L.J.K.B. 1141 (1143); Knapp v. Harvey (1911), 80 L.J.K.B. 1228 (1230); Ridgway v. Smith & Son (1890), 6 T.L.R. 275 (276).

mündlichen Verhandlung wissen die Parteien in der Regel nicht, ob der Gegner Zeugen bzw. Sachverständige aufrufen wird, und wenn ja, um welche Personen es sich dabei handelt.

Fragen, die darauf abzielen, den Gegner auszuforschen, d. h. solche, die in der Hoffnung gestellt werden, Auskünfte zu bekommen, die es der fragenden Partei erst ermöglichen, eine substantiierte Darstellung des Falls zu geben oder ihr Beweisquellen eröffnen, von denen sie bislang nichts ahnte, sind unzulässig[68]. Die Fragen zu entwerfen, bedarf daher einer gewissen Fertigkeit.

Erlaubt der „Master“ die „Interrogatories“, wie sie von der einen Partei entworfen wurden, so muß die andere Partei innerhalb einer bestimmten Zeit im Rahmen einer eidesstattlichen Versicherung die gestellten Fragen detailliert beantworten[69].

IV. Durchsetzbarkeit der Vorverfahrensregeln

Versäumt es eine Partei oder weigert sie sich, die schriftlichen Fragen zu beantworten oder die Durchsicht der Dokumente zu gestatten, so kann dieses Vergehen mehr oder weniger hart geahndet werden, je nach der Schwere des Verstoßes. Im schlimmsten Fall besteht die Möglichkeit, die Klage abzuweisen bzw. die Verteidigung des Beklagten unberücksichtigt zu lassen[70]. Die gleiche Ahndung ist auch möglich für den Fall, daß der Kläger es versäumt, rechtzeitig den Antrag auf Erlaß der „Summons for Directions“ zu stellen[71]. So hart wird aber nur in seltenen Fällen vorgegangen, wenn das Verhalten der betreffenden Partei offensichtlich auf ein regelwidriges Verhalten abzielt und nicht mehr entschuldbar ist[72].

V. Ergebnis des Vorverfahrens und Zusammenfassung

Hat das Vorverfahren erbracht, daß der Prozeß entscheidungsreif ist, so ordnet der „Master“ anläßlich des mündlichen Vortermins Ort und Gegenstand der Hauptverhandlung an, wobei er auch über die Einberufung oder Nichteinberufung einer „Jury“ entscheidet. Dem Kläger wird eine Frist gesetzt, binnen derer er die Anberaumung des endgültigen Termins zur Hauptverhandlung veranlassen muß[73].

---

[68] Rofe v. Kevorkian, [1936] 2 All E.R. 1334 (1337 - 1339); Hennessy v. Wright, 664; Gale v. Denham Picture Houses (1930), 99 L.J.K.B. 351 (352).

[69] *Odgers*, Pleading, S. 286.

[70] O. 24 r. 16 (1); O. 26 r. 6 RSC; vgl. auch Chipcase v. Rosemond, [1965] 1 All E.R. 145 (147); Sweeney v. Sir Robert McAlpine & Sons Ltd., [1974] 1 All E.R. 474 (476) C.A.

[71] Supreme Court Practice, 25/1/3 A; O. 25 r. 1 (4) RSC.

[72] *Odgers*, Common Law, S. 581; Sweeney v. Sir Robert McAlpine, 476.

Die „Rules of the Supreme Court“ bieten sowohl dem Gericht als auch den Parteien ein weites Feld von Möglichkeiten, das Vorverfahren möglichst effektiv zu gestalten, um so eine faire und schnelle Erledigung des Rechtsstreits zu gewährleisten. Aber der wahre Nutzen dieses Verfahrensabschnitts hängt weitgehend davon ab, inwieweit die Rechtsberater der Parteien bereit sind, ihn mit Leben zu füllen sowie von der Autorität des „Masters“, diesen Regeln Geltung zu verschaffen. Die Praxis läßt insoweit einiges zu wünschen übrig[74].

Trotz aller entgegengesetzter Bestrebungen ist innerhalb des Vorverfahrens nach wie vor ein großes Maß an Geheimnistuerei zwischen den Parteien die Regel[75]. Die Anwälte verwenden viel Scharfsinn darauf, einerseits so viele Informationen vom Gegner zu erhalten wie nur möglich, andererseits bei den eigenen Auskünften große Zurückhaltung zu üben. Das führt dazu, daß jede Seite Vorstöße in der Hoffnung unternimmt, Einzelheiten über das gegnerische Vorbringen zu erhalten. Durch ein langwieriges Vorverfahren sollen Überraschungen in der Hauptverhandlung vermieden werden, was aber nicht selten größere Verzögerungen innerhalb der Zivilrechtspflege zur Folge hat.

Ferner wird bemängelt, daß die „Summons for Directions“ anstelle einer Bestandsaufnahme in vielen Fällen eine bloße Formalität sind; zu dem mündlichen Vortermin erscheinen meist jüngere Mitarbeiter der beiderseitigen „Solicitors“, die den Rechtsstreit häufig nicht genau kennen und schon gar nicht befugt sind, irgendwelchen unvorhergesehenen Verfügungen zuzustimmen[76]. Der „Master“ selbst steht unter Zeitdruck und wird in der Mehrzahl der Fälle die mündliche Hauptverhandlung anordnen, ohne eine Verfügung veranlaßt zu haben, die nicht von den Parteien beantragt worden ist, die aber prozeßfördernd gewesen wäre[77].

---

[73] O. 34 r. 2 (1) RSC.

[74] Zu der Frage, warum von den „Interrogatories“ trotz ihres weit gesteckten Ziels in der Praxis wenig Gebrauch gemacht wird, vgl. *Jacob*, Current Legal Problems 1960, S. 189; *Jolowicz*, Oral and Written Proof-Taking, S. 10 ff.

[75] *Jacob & Wheatcroft*, S. 15.

[76] *Diamond*, L.Quart.Rev. 75 (1959), S. 48.

[77] Zu den Gründen für die unbefriedigende Effektivität vgl. *Forster*, S. 16, 17.

§ 4 Die Hauptverhandlung

A. Vorherrschaft der Mündlichkeit

Aufgabe der Hauptverhandlung ist es, eine Entscheidung über die im Vorverfahren festgelegten Streitpunkte zu fällen. Dabei kann Entscheidungsgrundlage nur das sein, was dem Gericht in der öffentlichen Hauptverhandlung mündlich vorgetragen wird. Es gilt der Grundsatz der absoluten Mündlichkeit[1]. Der englische Zivilprozeß kennt keine Einschränkungen dieser Maxime. So ist insbesondere eine Bezugnahme auf die in den Schriftsätzen gemachten Ausführungen unzulässig[2].

Die Aufgabe der „Pleadings" erschöpft sich in der Information des Gegners und in der Herausarbeitung der „Issues"; sie haben hingegen keinen Einfluß auf die Meinungsbildung des Gerichts. Das Gericht fällt seine Entscheidung allein aufgrund des ihm mündlich Vorgetragenen. Um auszuschließen, daß der Richter durch das schriftliche Vorbringen voreingenommen ist, werden ihm die Schriftsätze, wie überhaupt das gesamte Aktenmaterial, in der Regel erst unmittelbar vor Beginn der Hauptverhandlung überreicht[3]. Ein vorhergehendes Aktenstudium ist daher gar nicht möglich. Die Schriftsätze werden in der mündlichen Verhandlung nur herangezogen, wenn Anlaß zu der Vermutung besteht, daß eine Partei sich nicht an die darin aufgeworfenen Streitfragen hält und in der mündlichen Verhandlung einen abweichenden Tatsachenvortrag macht oder Beweise anbringt, mit denen aufgrund der Schriftsätze nicht gerechnet werden konnte. Dann hat der Richter die Pflicht, unter Zuhilfenahme der „Pleadings" zu entscheiden, ob eine Ausdehnung der Streitpunkte vorliegt. Er richtet dann aber auch nur insoweit sein Augenmerk auf das schriftliche Vorbringen, als das zur Entscheidung dieser Frage erforderlich ist[4].

Die Tatsache, daß der Richter unvorbereitet in die Sitzung kommt, wird als kluge und gerechte Lösung verstanden, da er so davor geschützt

---

[1] *Hamson*, English Trial, S. 22; *Gerland*, Rechtsprobleme, S. 20; *Löwenkamp*, S. 41; *Mann*, S. 10; *Cohn*, Gerichtstag, S. 37; *Cross*, S. 202; *Archibald*, S. 122; *Amos*, Cambr.L.Rev. 2 (1926), S. 340 (343); *Cappelletti*, procédure orale, S. 17, 102.

[2] Eine dem § 137 Abs. 3 ZPO entsprechende Vorschrift ist undenkbar.

[3] *Löwenkamp*, S. 44; *Cohn*, Gerichtstag, S. 34; *ders.*, ZZP 73 (1960), S. 324; *Mann*, S. 9; *Cappelletti*, procédure orale, S. 17; *Archibald*, S. 123; *Abel-Bresch*, S. 14.

[4] Vgl. *Jacob*, Ann.Surv.Commonw.L. 1968, S. 711 (729).

sei, sich bereits bei der Vorbereitung des Prozesses eine Meinung zu bilden, von der er sich dann später nur noch schwer lösen könne[5].

Der Richter ist befreit von sämtlichen Routineaufgaben, wie z. B. der Anordnung prozeßleitender Maßnahmen[6]. Seine Aufgabe liegt darin, eine Entscheidung zu fällen, die sich aber nur auf seine unmittelbar durch die mündliche Verhandlung gewonnene Einschätzung der Tatsachen stützen soll. Da sich der Richter seine Kenntnis vom Hergang des Falles nur in und durch die mündliche Verhandlung verschaffen kann, müssen die Parteien den Hergang des Falles in allen Einzelheiten vortragen und sodann beweisen. Hamson[7] meint, man müsse beim Umgang mit dem englischen Richter so tun, als handele es sich um einen Analphabeten.

In der englischen Gerichtspraxis bildet die mündliche Verhandlung den Höhepunkt des gesamten Verfahrens, innerhalb derer der gesamte Fall einschließlich sämtlicher Beweismittel vorgestellt werden muß[8]. Man spricht vom sogenannten „Day in Court“[9]. Dieser ist vom Standpunkt des Engländers aus gesehen nicht nur ein Mittel zur Beendigung des Prozesses, sondern eine freiheitsrechtliche Institution, die es jedem ermöglicht, dem Richter seinen Fall darzustellen[10].

Da das englische Zivilprozeßverfahren traditionsgemäß in aller Regel öffentlich ist[11], führt eine so weitgehende Ausprägung der Mündlichkeit zu großer Publizität[12], die nicht selten durch eingehende Prozeßberichterstattung in der englischen Presse noch verstärkt wird. Der Prozeß spielt sich vor den Augen der Öffentlichkeit ab. Sie kann sich ein uneingeschränktes Bild vom Gang und Inhalt des Verfahrens machen; denn ihr sind die Argumente, die Beweise sowie die Schlußfolgerungen genauso zugänglich wie dem Gericht[13]. Die Öffentlichkeit hat die Möglichkeit, jeden Schritt des Richters nachzuvollziehen und zu kontrollieren und sich ein selbständiges Urteil von dessen Fähigkeiten zu machen. Der englische Richter steht somit im Lichte der Öffentlichkeit, und er muß sich vor ihr bewähren, um ihr Vertrauen zu genießen.

---

5 *Mendelssohn-Bartholdy*, S. 98; *Cohn*, Gerichtstag, S. 32, 33.

6 Vgl. oben § 3 B. II.

7 *Hamson*, Rev.Int.Dr.Comp. 1956, S. 529 (534).

8 *Jackson*, S. 75; *Curti*, S. 77; *Forster*, S. 18; *Amos*, S. 348; *Archibald*, S. 122.

9 *Amos*, S. 343; vgl. auch *Hamson*, Juridicial Review 67 (1955), S. 188 (199).

10 *Cohn*, Gerichtstag, S. 18.

11 Stone v. Stone (1949), 118 L.J.K.B. 639 (640) C.A.; R. v. Bodmin, [1947] 1 All E.R. 109 (111); Scott (Morgan) v. Scott, [1913] All E.R. 1 (11, 13); *Odgers*, Pleading, S. 309; *Langan*, S. 161; *Jacob & Wheatcroft*, S. 19.

12 *Hamson*, English Trial, S. 23, 24.

13 *Mullins*, S. 264.

Hamson[14] führt es mit auf den Grundsatz der Mündlichkeit zurück, daß der englische Richter so großes Ansehen genießt.

Der absolute Vorrang der Mündlichkeit ist so selbstverständlich, daß er grundsätzlich weder in der Literatur noch in den Entscheidungen der Gerichte behandelt wird. Der englische Jurist macht sich in aller Regel keine Gedanken über Prozeßmaximen im allgemeinen und über den Grundsatz der Mündlichkeit im besonderen. Dies dürfte darauf zurückzuführen sein, daß das englische Prozeßrecht kaum jemals Grundlage einer akademischen Betrachtung war; die prozeßrechtlichen Abhandlungen schildern fast ausschließlich den Gang des Verfahrens, wie er sich in der Praxis darstellt. Sofern die Mündlichkeit innerhalb des Prozesses überhaupt einmal akademisch untersucht wird, handelt es sich grundsätzlich um eine Betrachtung der Mündlichkeit des Beweisverfahrens[15].

Es bestand in England aber auch wenig Anlaß, die Mündlichkeit zu diskutieren. In den angelsächsischen Ländern ist die Mündlichkeit des Verfahrens schon seit jeher verbürgt[16]; sie ergab sich aus der Einrichtung der „Jury" von selbst[17] und hat daher eine ebenso lange Tradition wie diese.

B. Historische Gründe für die Vorherrschaft der Mündlichkeit

I. Die „Jury"

Die „Jury" hat Inhalt und Ablauf des englischen Prozesses — Strafprozeß, als auch Zivilprozeß — geprägt[18]. Es war vordringliches Gebot, das Verfahren so einfach und verständlich zu gestalten, daß ihm auch eine Gruppe von Laien folgen konnte. Die Führung des Prozesses durch die anwaltlichen Vertreter, die Regeln für die Beweisaufnahme und sogar das materielle Beweisrecht sind durch das Vorhandensein einer „Jury" beeinflußt worden[19]. Insbesondere ist aber die uneingeschränkte Mündlichkeit auf ihre Gegenwart zurückzuführen. Da die Laienrichter ursprünglich größtenteils nicht lesen konnten, war ein schriftliches Verfahren von vornherein ausgeschlossen[20]. Die Mündlichkeit des Ver-

---

14 *Hamson*, English Trial, S. 25.

15 *Cappelletti*, procédure orale, S. 6; *Hamson*, Rev.Int.Dr.Comp. 1956, S. 530.

16 *Cappelletti*, procédure orale, S. 108.

17 *Nagel*, S. 59; *Mullins*, S. 264; *Roscoe*, S. 154; *Jolowicz*, Written and Oral Proof-Taking, S. 3.

18 *Hamson*, English Trial, S. 15; *Cornish*, S. 86; *Mullins*, S. 264; *Forster*, S. 19; *Cross*, S. 55.

19 *Cornish*, S. 10; *Amos*, S. 347; *Forster*, S. 18; *Roscoe*, S. 147; *Jacob & Wheatcroft*, S. 13.

fahrens im allgemeinen und des Beweisrechts im besonderen sind ein „Kind der Jury“[21]. Dieser bedeutende Einfluß auf die Gestaltung des englischen Prozesses wird nur verständlich, wenn man sich die wichtige Rolle, die der „Jury“ bei der Rechtsfindung zuteil wurde, klar macht. Man betrachtet sie bis auf den heutigen Tag als ein Bollwerk der Freiheit[22].

1. Überblick über Aufgaben und Stellung der „Jury“ in der geschichtlichen Entwicklung

Bis zur Mitte des vergangenen Jahrhunderts hatte die „Jury“ nicht nur bei strafrechtlichen, sondern auch bei allen zivilrechtlichen Streitigkeiten, die vor einem „Common Law Court“[23] verhandelt wurden, ihren festen Platz. Ihr Mitwirken bei der Entscheidung war Jahrhunderte hindurch zwingend vorgeschrieben[24]. Nur die Art der Mitwirkung bzw. die der „Jury“ zugewiesenen Aufgaben haben sich seit ihrem ersten Auftreten im frühen Mittelalter erheblich gewandelt[25]. Am Ende dieser Entwicklung hatte sich der Grundsatz herausgearbeitet, daß die Geschworenen ausschließlich richterliche Funktionen auszuüben hätten[26] und deswegen genauso wie der Berufsrichter unparteilich, unvoreingenommen und ohne vorhergehende Kenntnis der Tatsachen urteilen müßten.

a) Zeugencharakter der „Jury“ in der Anfangsphase

Ursprünglich war eher das Gegenteil der Fall. Die Laienrichter mußten voreingenommen sein; denn ihre eigene Wahrnehmung bildete die Basis für die Entscheidung. Im Gegensatz zum Richter, dem es nie gestattet war, aufgrund privaten Wissens zu urteilen, sondern nur anhand der vorgetragenen und bewiesenen Tatsachen[27], sollte die „Jury“ aufgrund eigener vorhergehender Kenntnis der Tatsachen eine Entscheidung fällen[28]. Wenn sich herausstellte, daß sie wider besseres Wissen geurteilt hatte, konnte sie mit einer „Action of Attaint“ belangt

20 *Hamson*, English Trial, S. 21, 23; *Cappelletti*, procédure orale, S. 76; *Jackson*, S. 77; *Cohn*, Gerichtstag, S. 77; *Millar*, Trial Court, S. 22.

21 *Mullins*, S. 265; *Thayer*, Evidence, S. 47; *Jacob & Wheatercroft*, S. 19.

22 Vgl. *Buckley*, Current Legal Problems 19 (1966), S. 63 (77).

23 Als solche waren anzusehen: Court of Common Pleas, Court of King's Bench, Court of Exchequer; vgl. auch *Holdsworth*, Legal History, vol. I, S. 195 ff.

24 *Blackstone*, S. 349; *Langan*, S. 150; *Cornish*, S. 82; *Nokes*, Tul.L.Rev. 31 (1956 - 57), S. 153 (154).

25 *Cornish*, S. 10.

26 *Cornish*, S. 10; *Holdsworth*, Legal History, vol. IX, S. 127.

27 Holdsworth, Legal History, vol. IX, S. 136.

28 *Thayer*, Harv.L.Rev. 3 (1889 - 1890), S. 285 (300); *Schwering*, S. 41; *Newman*, S. 33.

werden[29]. Die Stellung der Geschworenen alten Stils glich also eher der eines Zeugen als der eines Richters[30]. Um dieser Aufgabe gerecht werden zu können, stammten die Laienrichter[31] aus dem Bezirk, in dem das Streitverhältnis entstanden war[32]. Ein Teil der „Jury" mußte sogar aus der unmittelbaren Nachbarschaft kommen, um die anderen Laienrichter aus erster Hand genauestens informieren zu können[33]. Es war häufig nicht einfach, Laienrichter aus der unmittelbaren Umgebung zu finden, so daß man es schließlich zu Beginn des 18. Jahrhunderts für ausreichend hielt, wenn die Juroren aus der betreffenden Grafschaft kamen[34]. Eine solche Regelung war möglich geworden, nachdem die Geschworenen nicht mehr nur aus eigener Kenntnis der Tatsachen urteilen mußten, sondern allmählich — etwa seit dem 15. Jahrhundert[35] — auch die Aussagen von Zeugen für die Entscheidungsfindung zugelassen wurden[36].

Die Einbeziehung von Zeugen zur Feststellung der Tatsachen hatte jedoch zunächst nicht zur Folge, daß die „Jury" an deren Aussagen gebunden war[37]. Sie konnte über die Stellungnahmen der Zeugen ohne weiteres hinwegsehen, und sie war zu einem solchen Verhalten sogar aufgefordert, wenn das Gesagte nicht mit dem eigenen Wissen übereinstimmte[38]. Die aufgrund eigener Kenntnis gewonnene Einschätzung der Tatsachen durch die Laienrichter hatte also den Vorrang vor den Aussagen der Zeugen.

b) Übergangsphase

Allmählich wurde es dann zur Gewohnheit, daß die Geschworenen seltener die Entscheidung auf ihre eigene Kenntnis stützten, sondern mehr und mehr auf die vorgetragenen Beweise[39]. Während dieser Entwicklungsphase[40] hatte die „Jury" einen doppelten Charakter. Sie

---

29 *Plucknett*, S. 131; *Holdsworth*, Legal History, vol. I, S. 337.

30 *Holdsworth*, Legal History, vol. I, S. 317; *Newman*, S. 33; *Leske-Löwenfeld*, vol. I, S. 277; *Thayer*, Harv.L.Rev. 5 (1891 - 1892), S. 357 (361).

31 Seit der Regierung Heinrich II (1154 - 1189) waren gewöhnlich 12 Laienrichter erforderlich, vgl. *Thayer*, Harv.L.Rev. 5, S. 295.

32 *Holdsworth*, S. 333; *Cornish*, S. 11; *Plucknett*, S. 107; *Thayer*, Harv.L. Rev. 5, S. 295 (297).

33 Aufgrund verschiedener Gesetze wurde diese Zahl modifiziert: 35 Henry VIII c. 6 sec. 3, 6 Personen (1544); 27 Elizabeth I c. 6 sec. 5 (1585) reduzierte die Zahl auf 2 Personen in Personal Actions.

34 4 Anne c. 16 sec. 6 (1705).

35 Vgl. *Thayer*, Harv.L.Rev. 5 (1891 - 1892), S. 383.

36 *Cornish*, S. 12; *Plucknett*, S. 132.

37 *Thayer*, Harv.L.Rev. 5, S. 364.

38 *Thayer*, Harv.L.Rev. 5, S. 364.

39 *Plucknett*, S. 132.

40 Sie erstreckte sich über mehrere Jahrhunderte; *Holdsworth* sieht die

konnte einmal aufgrund eigener Beobachtung der Tatsachen, zum anderen aufgrund der vorgetragenen Zeugenaussagen und etwa sonst noch vorhandener Beweise urteilen[41]. Diese Doppelnatur brachte es mit sich, daß die Geschworenen kaum noch wegen falscher Entscheidungen zur Rechenschaft gezogen werden konnten; denn eine unrichtige Beurteilung der Tatsachen konnte auch auf falschen Beweisen beruhen oder auf einem fehlerhaften Verständnis bzw. einer fehlerhaften Interpretation der Zeugenaussagen. Für ein darauf beruhendes Fehlurteil konnten die Laienrichter aber nicht persönlich zur Verantwortung gezogen werden[42]. Ebensowenig durfte man sie dafür bestrafen, daß sie entgegen den vorliegenden Zeugenaussagen entschieden hatten, solange die Möglichkeit, aufgrund eigenen Wissens urteilen zu können, nicht völlig aufgehoben war[43]. Die „Action of Attaint" verwendete man infolgedessen in der Praxis nicht mehr[44]; endgültig abgeschafft wurde sie allerdings erst im Jahre 1925[45]. Stattdessen ließ man neue Verhandlungen zu, wenn die Entscheidung der Geschworenen entgegen den Beweisen ausfiel[46].

Damit sich die Gerichte einen eigenen Eindruck von der privaten Kenntnis der Geschworenen machen konnten, entwickelte sich allmählich der Gedanke, daß die Geschworenen vor Gericht auftreten müßten, um ihr Wissen in aller Öffentlichkeit preiszugeben[47]. Dabei handelte es sich zunächst nur um eine Empfehlung. Das grundsätzliche Recht der „Jury", die eigene Kenntnis der Tatsachen bei der Entscheidung zu berücksichtigen, blieb noch erhalten[48].

c) Die „Jury" als Richter der Tatsachen

Da die Praxis immer stärker dazu neigte, neu zu verhandeln, wenn die Laienrichter im Widerspruch zu den vorhandenen Beweisen entschieden[49], verloren die Geschworenen nach und nach ihren Zeugen-

---

moderne Funktion der „Jury" etwa im 16. bzw. 17. Jahrhundert als gegeben an, vgl. vol. IX, S. 127; *Cornish* im 18. Jahrhundert, S. 12.

41 Vgl. Bushel's case (1670), Vaugh 135 = 84 E.R. 1123 (1125); *Blackstone*, S. 368.

42 *Holdsworth*, Legal History, vol. I, S. 337; *Plucknett*, S. 132, 133; *Thayer*, Harv.L.Rev. 5 (1891 - 1892), S. 357 (384).

43 Bushel's Case; *Holdsworth*, Legal History, vol. I, S. 346.

44 *Lord Mansfield*, in Bright v. Eynon (1757), 1 Burr. 393 = 97 E.R. 391 (393).

45 6 George IV c. 50 § 60.

46 *Thayer*, Harv.L.Rev. 5 (1891 - 1892), S. 366; *Lord Mansfield*, in Bright v. Eynon.

47 *Thayer*, Harv.L.Rev. 5 (1891 - 1892), S. 384.

48 Bushel's Case im Jahre 1670; *Blackstone*, vol. III, S. 368.

49 Wood v. Gunston (1655), Style 462 = 82 E.R. 864; Bright v. Eynon, a.a.O.; Dennet v. Hundred of Hartfort (1650), Style 233 = 82 E.R. 671.

charakter und wuchsen stattdessen in die richterliche Rolle hinein. Die Aufgaben von Zeugen und „Jury“ wurden klarer umrissen, was auch in der Entwicklung des Beweisrechts zum Ausdruck kam[50].

Zu Beginn des 19. Jahrhunderts war es dann endgültig rechtlich anerkannt, daß die Geschworenen als Richter der Tatsachen ihre Entscheidung nur aufgrund des ihnen vorgetragenen Beweismaterials für die verschiedenen Behauptungen treffen durften[51]. Die Aufgabenzuweisung gilt für die „Jury“ auch noch im gegenwärtigen Prozeßrecht, wobei allerdings hinzugefügt werden muß, daß sie in zivilrechtlichen Streitigkeiten heute kaum noch eine Rolle spielt.

d) Zurückdrängung der „Jury“ im Zivilprozeß

Die Mitwirkung einer „Jury“ bei zivilrechtlichen Entscheidungen ging seit der Mitte des vergangenen Jahrhunderts langsam zurück. Die Ursache hierfür ist in erster Linie darin zu sehen, daß die Berufung von zwölf Geschworenen angesichts der ständig gestiegenen Zahl von Zivilprozessen mancherlei Umstände sowie einen erheblichen Anstieg der Prozeßkosten verursacht[52].

Entgegen den Vorschlägen der „Commissioners“ sah der „Common Law Procedure Act 1854“[53] jedoch nicht ihre Abschaffung vor, sondern ermöglichte nur grundsätzlich die Verhandlung vor einem Berufsrichter ohne Geschworene, vorausgesetzt, daß beide Parteien und der Richter zustimmten[54]. Die Hinzuziehung von Geschworenen wurde einige Jahre später erneut diskutiert, als es um die Neuorganisation der oberen Gerichte ging[55]. Die „Commissioners“ meinten, daß den Richtern des neu zu gründenden „Supreme Court“ ein großer Ermessensspielraum bei der Frage zugebilligt werden müsse, ob eine „Jury“ einbezogen werden solle oder nicht. Die Anwesenheit von Geschworenen war aber eine so vertraute Einrichtung, daß weitgehende Einschränkungen zunächst kaum gemacht wurden[56]. Erst der „Administration of Justice (Miscellaneous Provisions) Act 1933“ brachte die im wesentlichen noch heute geltende Regelung für die Mitwirkung von Laienrichtern in Zivilprozessen[57].

---

[50] Vgl. unten II. 2.

[51] R. v. Sutton (1816), 4 M & S 532 (537) = 105 E.R. 931; *Jolowicz*, S. 165.

[52] Zur Kritik der Teilnahme der „Jury“ bei zivilrechtlichen Streitigkeiten vgl. im einzelnen *Mullins*, S. 263 ff.

[53] 17 & 18 Victoria c. 125.

[54] 17 & 18 Victoria c. 125, sec. 1.

[55] First Report of Commissioners, Parlt.Papers (1868 - 1869) vol. XXV, S. 1 ff.

[56] *Mullins*, S. 278 ff.

[57] O. 33 r. 5 RSC; zu der Entwicklung im einzelnen vgl. *Buckley*, Current Legal Problems 19 (1966), S. 63 ff.

2. *Stellung der „Jury" im heutigen Zivilprozeß*

Die Parteien haben heute nur noch in wenigen Fällen einen rechtlichen Anspruch darauf, daß eine „Jury" an der Verhandlung teilnimmt[58]. Dabei handelt es sich um Rechtsstreitigkeiten (in der Queen's Bench Division, niemals in der Chancery Division), die einen quasi strafrechtlichen Charakter haben, und solche, bei denen die Ehre einer Partei auf dem Spiel steht[59]. Im übrigen liegt es — in Angelegenheiten der Queen's Bench Division — im Ermessen des Gerichts, ob es eine „Jury" zuläßt, was nur in seltenen Fällen geschieht. Neuerdings werden auch bei Klagen auf Schadensersatz wegen Körperverletzung, bei denen die Gerichte Jahre hindurch die Hinzuziehung von Geschworenen gestatteten[60], keine Laienrichter mehr hinzugezogen. Grund dafür ist die Erkenntnis, daß die Gewährung von Schadensersatz großer Erfahrung bedarf, die von einem Berufsrichter eher zu erwarten ist. Der dem Geschädigten gewährte finanzielle Ausgleich müsse bei gleichen Schäden auch etwa gleich hoch bemessen sein, da es sonst an der nötigen Vorhersehbarkeit fehle[61].

Die Bedeutung der „Jury" hat also in den letzten hundert Jahren ständig abgenommen[62]. Gegenwärtig nehmen nur noch an ungefähr 2 % aller zivilrechtlichen Fälle Geschworene an der Verhandlung teil[63]. Obgleich die „Jury" im Hinblick auf die Entscheidungsfindung heute relativ bedeutungslos ist, ist ihr Einfluß auf den Ablauf und die Gestaltung des Zivilprozesses unübersehbar. Die Verhandlung findet zwar in der Regel nicht mehr in Anwesenheit von Geschworenen statt, wohl aber in genau der Form, wie wenn sie noch zugegen wären[64]. Hamson[65] spricht von der „unsichtbaren Jury".

II. Schlechte Erfahrungen mit schriftlichen Verfahrensabläufen

Daß die kompromißlose Einhaltung der Mündlichkeit, wenn es um die letztlich zur Entscheidung stehenden Fragen geht, in erster Linie

[58] Supreme Court Practice, 35/5/2; vgl. im einzelnen *Kaplan*, Mich.L.Rev. 69 (1970 - 1971), S. 820 ff. (830).

[59] Ward v. James, [1965] 1 All E.R. 563 (571).

[60] Dolbey v. Goodwin, [1955] 2 All E.R. 166; Morey v. Woodfield, [1963] 3 All E.R. 533.

[61] *Lord Denning*, in Ward v. James, [1965] 1 All E.R. 574 (576) Buckley, Current Legal Problems 19 (1966), S. 69, 74 f.

[62] *Langan*, S. 150; *Diamond*, Am.B.Ass.J. 47 (1961), S. 700; *Nokes*, Tul.L. Rev. 31 (1956 - 57), S. 153 (155)

[63] *Zander*, S. 290; vgl. auch Civil Judicial Statistic 1972, Table 8 VII.

[64] *Hamson*, English Trial, S. 23; *Plucknett*, English Trial, S. 34; *Cross*, S. 55; *Amos*, Cambr.L.J. 2 (1926), S. 347; *Forster*, S. 19; *Jolowicz*, Written and Oral Proof-Taking, S. 7.

[65] *Hamson*, Rev.Int.Dr.Comp. 1956, S. 529 (532).

auf die Anwesenheit von Geschworenen in der Hauptverhandlung zurückzuführen ist, mag auch die Tatsache verdeutlichen, daß vor dem „Court of Chancery", wo es niemals eine Mitwirkung von Laienrichtern gegeben hatte, bis zu den Reformbestrebungen des vergangenen Jahrhunderts ein schriftliches Verfahren vorherrschte, das dem gemeinen Prozeß in Deutschland vor Inkrafttreten der Zivilprozeßordnung ähnelte. Die Erfahrungen, die in England mit dieser Art der Rechtsfindung gemacht wurden, waren so abschreckend, daß auch unter diesem Gesichtspunkt das Festhalten an dem Grundsatz der absoluten Mündlichkeit zu erklären ist[66].

Was die rechtlichen Möglichkeiten dieses Gerichts anbelangte, konnte es zwar auch in solchen Fällen Rechtsschutz gewähren, die das „Common Law" nicht erfaßte[67]. Die Praxis aber, mit der diesen Rechten Geltung verschafft wurde, war hinhaltend und beschwerlich und stand damit im krassen Gegensatz zu der überlieferten Aufgabe, Gerechtigkeit gegenüber jedermann zu üben[68]. Autoren, die den „Chancery"-Verfahrensablauf beschrieben und mit den Augen eines Historikers analysiert haben, kommen zu dem Ergebnis, daß es kaum ein unzulänglicheres Mittel zur Tatsachenfeststellung gegeben hat, als es in dem „Court of Chancery" praktiziert wurde[69].

Die dort geübte schriftliche Erhebung von Beweisen war eine schwerfällige und lästige Tätigkeit. Eine mündliche Befragung der Zeugen, wie sie stets die Basis der „Common Law"-Prozesse war, existierte nicht. Bis zum Jahre 1852 mußten alle Fragen an die Zeugen von den anwaltlichen Vertretern schriftlich ausgearbeitet werden. Die Befragung erfolgte sodann durch vereidigte, amtlich bestellte Kommissare. Diese hielten die Antworten der Zeugen schriftlich fest; dabei verwendeten die Fragesteller eigene Formulierungen, so daß die Wahrscheinlichkeit bestand, daß der Inhalt der Aussagen in wesentlichen Teilen verändert wurde[70]. Keiner der Parteien war es gestattet — weder persönlich noch durch ihre Anwälte —, an der Befragung teilzunehmen. Es fehlte daher jede Möglichkeit, den Zeugen die Fragen näher zu erläutern. Um gegenüber allen denkbaren Antworten gewappnet zu sein, wurden infolgedessen viele Fragen erarbeitet, die sich später als unwesentlich erwiesen[71]. Aus dem gleichen Grunde unterzog man auch

---

66 *Mullins,* S. 257.

67 Zu der Entstehungsgeschichte des „Court of Chancery" und zur „Equity"-Gerichtsbarkeit vgl. *Löwenstein,* vol. II, S. 28, 29.

68 *Bowen,* Select Essays, S. 524.

69 *Holdsworth,* Legal History, vol. IX, S. 353; *Roscoe,* S. 164; *Birrell,* S. 188; *Odgers,* Century of Law Reform, S. 222; *Millar,* Trial Court, S. 37; *Bowen,* Select Essays, S. 524; *Jolowicz,* Oral and Written Proof-Taking, S. 2.

70 *Holdsworth,* Legal History, vol. IX, S. 354; *Bowen,* Select Essays, S. 525.

71 *Birrell,* S. 189; *Mullins,* S. 257.

solche Zeugen einer Vernehmung, auf deren Befragung man in einem wirkungsvolleren Beweiserhebungsverfahren verzichtet hätte. Bemängelt hat man an diesem System der Zeugenvernehmung vor allen Dingen, daß eine Überprüfung der Glaubhaftigkeit der Aussage durch das Kreuzverhör so gut wie ausgeschlossen war[72]; ein Nachteil, der in England besonders schwer wiegt, wenn man bedenkt, daß dort das Kreuzverhör als das entscheidende Instrument zur Wahrheitserforschung angesehen wird[73].

Nachdem alle Zeugenaussagen schriftlich fixiert waren, was häufig mehrere Monate in Anspruch nahm[74], wurden die Niederschriften an das Gericht gesandt. Stellte sich dann heraus, daß die Befragung fehlerhaft war, konnte das zu einem Antrag führen, wonach alle Zeugen noch einmal vernommen werden mußten[75]. Ansonsten wurde nun ein Termin zur Anhörung durch den Richter bestimmt, der seine Entscheidung, jedenfalls in tatsächlicher Hinsicht, aufgrund der schriftlichen Aussagen der Zeugen, die ihm die anwaltlichen Vertreter vorlasen, fällte.

Das Verfahren vor dem „Court of Chancery“ hatte noch andere Mängel, die nur in indirektem Zusammenhang mit der Schriftlichkeit des Verfahrens standen, gleichwohl aber im Bewußtsein sind, wenn es gilt, die Überlegenheit der mündlichen Hauptverhandlung, wie sie schon dem „Common Law“ eigen war, zu belegen. So wurde beispielsweise eine spezielle Kommission zusammengestellt, wenn die Zeugen außerhalb Londons lebten. Die Kommissare reisten dann mit dem notwendigen Hilfspersonal an den betreffenden Ort und lebten dort auf Kosten der Parteien, bis die Befragung abgeschlossen war[76]. Es ist offensichtlich, daß ein solches Verfahren sehr viele Kosten verschlang und zudem sehr langwierig und wenig leistungsstark war. Die Prozesse erstreckten sich teilweise über Jahre[77]. Der Rechtsweg zu diesem Gericht war damit praktisch für die ärmere Bevölkerung verschlossen, und auch in bürgerlichen Kreisen überlegte man sich sehr genau, ob man sich einen Prozeß überhaupt leisten konnte; denn die Prozeßkosten konnten ganze Vermögen verschlingen[78].

Im 19. Jahrhundert wurde auch der Prozeß dieses Gerichts reformiert. Zunächst konnte der Kläger dem Beklagten Mitteilung machen, ob er eine mündliche Zeugenvernehmung wollte oder ob er eine eidesstatt-

---

[72] *Bowen*, Select Essays, S. 525; *Birrell*, S. 189.
[73] Vgl. unten C. II. 1. b).
[74] *Holdsworth*, Legal History, vol. IX, S. 355.
[75] *Bowen*, Select Essays, S. 525.
[76] *Holdsworth*, Legal History, vol. IX, S. 354.
[77] *Bowen*, Select Essays, S. 528.
[78] *Bowen*, Select Essays, S. 527; *Radcliffe & Cross*, S. 132.

liche Versicherung vorzog[79]. Mit der Schaffung eines einheitlichen „Supreme Court of Judicature"[80] wurde dann das schriftliche Verfahren endgültig abgeschafft.

C. Mündlichkeit in der heutigen Praxis

I. Überblick über den Ablauf der Verhandlung

Da das englische Rechtsleben den unvorbereiteten Richter bevorzugt, ist es Aufgabe der Hauptverhandlung, ihm einen genauen Eindruck von dem tatsächlichen Geschehen zu vermitteln[81]. Dies geschieht regelmäßig dadurch, daß die Anwälte in Rede und Gegenrede den denkbaren Hergang des Falles in möglichst gegensätzlichen Ausführungen dem Richter nahebringen[82]. In welcher Form und in welcher Reihenfolge dies zu geschehen hat, ist nicht Gegenstand irgendwelcher zivilprozessualer Vorschriften. Gleichwohl ist der Gang des Verfahrens genau vorgezeichnet; denn über Jahrhunderte hinweg hat sich wenig daran geändert[83].

Dieses Festhalten an der traditionellen Form ist kaum ernsthaft auf Kritik gestoßen. In jüngerer Zeit wird zwar im Zusammenhang mit der Diskussion über Möglichkeiten der Senkung der sehr hohen und weiter im Steigen befindlichen Prozeßkosten auch über eine Reform der Hauptverhandlung nachgedacht[84]. Eine Zurückdrängung der mündlichen Elemente erfolgt aber — wenn überhaupt — nur sehr vorsichtig[85].

1. Der klägerische Tatsachenvortrag

Die Verhandlung beginnt in der Regel damit, daß der Prozeßvertreter des Klägers den Fall eröffnet (opening of case)[86, 87], d. h. er legt in chronologischer Reihenfolge die Tatsachen dar, auf die der Kläger seinen Anspruch zu stützen beabsichtigt[88]. Unter Prozeßvertreter der Partei ist hier der „Barrister" zu verstehen; denn dieser hat das aus-

---

79 15 & 16 Victoria c. 86 (Chancery Practice Amendment Act 1852).

80 Vgl. oben § 2 B. III.

81 Vgl. oben § 4 A.

82 *Mendelssohn-Bartholdy*, S. 100, 101.

83 *Archibald*, S. 121.

84 Vgl. insbesondere *Forster*, S. 22 ff.

85 So z. B. durch die Zurückdrängung der „Hearsay-Rule" und der damit verbundenen Zulassung schriftlicher Beweise, vgl. dazu unten C. II. 2. c).

86 O. 35 r. 7 (2) RSC.

87 Das Recht zu beginnen, ist insbesondere dann anders geregelt, wenn die Beweislast allein beim Beklagten liegt.

88 *Odgers*, Pleading, S. 310; *Reynold*, S. 111.

schließliche Recht, vor den höheren Gerichten das Wort zu ergreifen[89, 90]. Das Recht, den einleitenden Vortrag halten zu dürfen, ist insbesondere in den Fällen von Bedeutung, in denen eine „Jury" anwesend ist; denn wer das Recht hat zu beginnen, darf auch abschließend Stellung nehmen und kann damit unter Umständen bei den Geschworenen den nachhaltigsten Eindruck hinterlassen[91].

Es ist Aufgabe des „Barristers", dem Richter den ganzen Fall mündlich zu erläutern. Die Mündlichkeit geht soweit, daß alle Urkunden, die zu Beweiszwecken in den Prozeß eingebracht werden sollen, sowie die außergerichtliche Korrespondenz während der Verhandlung vor Gericht vorgelesen werden. Um dem Richter die Übersicht zu erleichtern, gibt der „Barrister" im voraus eine Zusammenfassung dessen, was er mit den Zeugen, die er aufrufen wird, zu beweisen gedenkt. Gelegentlich geht der „Barrister" bereits bei seinem einleitenden Vortrag auf die Verteidigung des Beklagten ein, um sie schon von vornherein zu entkräften. Der Klägervertreter bringt aber keine Fakten ein, bei denen er nicht darauf vorbereitet ist, sie im Rahmen der Beweisaufnahme zu beweisen. Diese Einleitungsrede kann je nach der Schwere des Falles in weniger als einer Stunde abgeschlossen sein, nicht selten nimmt sie aber mehrere Tage in Anspruch.

Nachdem das Gericht so einen ersten Überblick bekommt, der natürlich noch sehr undifferenziert ist, weil die Ereignisse in erster Linie aus der Sicht des Klägers präsentiert worden sind, ruft der Klägervertreter den ersten Zeugen auf und vernimmt ihn (examination-in-chief)[92].

Nach Beendigung der Befragung hat der Anwalt des Beklagten das Recht, den Zeugen ins Kreuzverhör zu nehmen (cross-examination)[93]. Nach Abschluß des Kreuzverhörs kann der Klägervertreter sich noch einmal an seinen Zeugen wenden, um etwaige im Kreuzverhör aufgetretene Widersprüche klären zu lassen oder um verunsicherten bzw. eingeschüchterten Zeugen die Möglichkeit zu geben, ihre Aussage zu verdeutlichen (re-examination). Dieser Vorgang wiederholt sich, bis alle Zeugen des Klägers vernommen worden sind. Danach fügt der klägerische Anwalt andere noch vorhandene Beweismittel, wie z. B. Urkunden, in das Prozeßgeschehen ein[94].

---

[89] *Archibald*, S. 122.

[90] Eine andere Regelung gilt für „County Courts"; dort kann auch ein „Solicitor" auftreten, vgl. Bibliographical Guide, S. 30 m.w.N.

[91] *Odgers*, Pleading, S. 310.

[92] *Odgers*, Pleading, S. 311; *Reynold*, S. 112; *Cohn*, Gerichtstag, S. 39.

[93] Zur Bedeutung des Kreuzverhörs für das englische Beweisrecht vgl. unten C. II. 1. b).

[94] *Odgers*, Pleading, S. 311; *Reynold*, S. 112.

2. *Der Tatsachenvortrag des Beklagten*

Nachdem der Kläger alle von ihm vorgebrachten Behauptungen bewiesen zu haben glaubt, ist es Aufgabe des Beklagtenvertreters, die gegnerischen Ausführungen zu entkräften. Er hält eine sogenannte zweite Eröffnungsrede, in der er darlegt, wie sich der Rechtsstreit aus der Sicht seines Mandanten darstellt. Wenn bereits die Beweisaufnahme auf seiten des Klägers deutlich gemacht hat, daß die Klage offenbar unbegründet ist, bzw. wenn der Streit allein Rechtsfragen zum Gegenstand hat, wird der Anwalt des Beklagten auf die Vernehmung eigener Zeugen verzichten[95]. Ist aber die Klage zu diesem Zeitpunkt schlüssig, hat also insbesondere auch das Kreuzverhör die Behauptungen des Klägers nicht in wesentlichen Punkten entkräften können, so müssen die Einwendungen des Beklagten dargelegt und bewiesen werden. Zu diesem Zweck ruft der Beklagtenvertreter seine Zeugen auf, deren Vernehmung dann ebenso abläuft wie die der Zeugen des Klägers, einzig mit dem Unterschied, daß jetzt der Anwalt des Klägers das Kreuzverhör durchführt.

Diese Ausführungen zeigen, daß es im englischen Zivilprozeß neben der Kläger- und der Beklagtenstation keine eigenständige Beweisstation gibt, sondern daß die Beweisaufnahme eingebettet ist in die Vorträge des Klägers bzw. Beklagten.

3. *Die Schlußplädoyers*

Nach Abschluß der Beweisaufnahme halten die Anwälte ihre Schlußplädoyers, wobei in der Regel der Beklagtenanwalt den Anfang macht[96]. Hierbei würdigen die Prozeßvertreter nicht nur die in der mündlichen Verhandlung eingeführten Beweise, sondern sie stellen auch ausführliche rechtliche Betrachtungen an[97]. Sofern es um die Würdigung der Tatsachen geht, werden die Anwälte kaum vom Richter unterbrochen. Bei der Behandlung der Rechtsfragen entwickelt sich dagegen häufig eine Diskussion zwischen Richter und Anwalt.

4. *Das Urteil*

Nachdem der Rechtsstreit sowohl unter rechtlichen als auch unter tatsächlichen Gesichtspunkten ausführlich behandelt wurde, ist der Weg frei für die Fällung des Urteils. Nur bei Anwesenheit einer „Jury“ gibt der Richter nach Beendigung der Schlußplädoyers noch eine zusammenfassende Darstellung (summing up), um das Augenmerk der Geschwo-

[95] *Odgers*, Pleading, S. 311; *Schmitthoff*, JZ 1972, S. 38 (41).

[96] Vgl. oben C. I. 1.

[97] Vgl. unten C. III. 3.

renen auf die wesentlichen Fakten zu lenken. Ansonsten schließt sich die Entscheidung in der Regel unmittelbar an die Schlußplädoyers an[98]. In besonders schwierig gelagerten Fällen wird sich der Richter einige Tage Zeit nehmen, um den Fall von allen Seiten zu betrachten, bevor er das Urteil fällt. Für die englische Zivilprozeßpraxis ist es ein charakteristisches Merkmal, daß zwischen dem Schluß der mündlichen Verhandlung und der Verkündung des Urteils nur wenig Zeit verstreicht; denn der Richter ist bei seiner Entscheidung allein auf sein Gedächtnis angewiesen, weil er auf Akten als Gedächtnisstütze nicht zurückgreifen kann[99]. Er muß also schon aus praktischen Erwägungen heraus sein Urteil schnell fällen, bevor sein unmittelbarer Eindruck verblaßt.

Es versteht sich fast von selbst, daß in einem Prozeßsystem, welches dem gesprochenen Wort eine so überragende Bedeutung beimißt, auch die Urteilsverkündung in mündlicher Form erfolgt. Dabei beschränkt sich die Mündlichkeit nicht auf die Verkündung des Urteilstenors, den es in unserem Sinne gar nicht gibt, sondern sie erstreckt sich auf die genaue Begründung. Es kommt nur selten vor, daß ein Richter lediglich eine kurze mündliche Begründung liefert und sodann Abschriften seiner schriftlichen Begründung verteilt. Der Richter ist bei der Abfassung der Entscheidungsgründe nicht dazu angehalten, ein bestimmtes Schema einzuhalten[100], sondern es bleibt ihm überlassen, in welcher Weise er seine Entscheidung verständlich macht. Dabei liegt es auch in seinem Ermessen, ob er die Entscheidungsgründe in freier Rede vorträgt oder ob er sie von einem Manuskript abliest; ersteres gilt immer noch als wünschenswert.

Die mündliche Urteilsbegründung des Richters wird mitstenografiert. Später legt man ihm die darauf basierende Abschrift zur Überprüfung vor. Der Richter hat dann die Möglichkeit, nicht nur Verbesserungen stilistischer, sondern auch inhaltlicher Art vorzunehmen, etwa wenn er sich anläßlich der mündlichen Urteilsbegründung nicht klar genug ausgedrückt oder wenn er etwas gesagt hat, was er unmöglich gemeint haben kann[101]. Der Richter behält so lange die Kontrolle über sein Urteil, bis er formell über dessen Abschluß befindet[102]. Allerdings dürfen die Korrekturen des Richters nicht so weit gehen, daß das Urteil in seiner grundlegenden Aussage verändert wird[103].

---

[98] *Scarmann,* Mod.L.Rev. 1967, S. 1; *Cohn,* Gerichtstag, S. 52; *Odgers,* Pleading, S. 330.

[99] *Hamson,* Rev.Int.Dr.Comp. 1956, S. 533.

[100] *Hamson,* S. 533; *Cohn,* Gerichtstag, S. 52, 53.

[101] *Danckwerts* L.J., in Bromley v. Bromley, [1964] 3 All E.R. 226 (228).

[102] Re Harrison's Share under a Settlement, [1955] 1 Ch. 260.

[103] Bromley v. Bromley, 227; vgl. auch Lowery v. Walker, [1910] 1 K.B. 173 (181); 1911 A.C. 10 (11).

Die vom Richter überprüfte und gegebenenfalls korrigierte Begründung ist die Urteilsfassung, die anschließend in den Entscheidungssammlungen veröffentlicht wird und die auch die Grundlage für eine mögliche Beanstandung in der nächsthöheren Instanz bildet.

II. Mündlichkeit und Beweisaufnahme

Das Beweisverfahren macht es besonders deutlich, daß der englische Zivilprozeß vom Grundsatz der absoluten Mündlichkeit durchdrungen ist. Die Mündlichkeit erstreckt sich auf alle Teile des Beweisverfahrens[104]. Die für das Beweisrecht maßgebende Vorschrift hat folgenden Inhalt[105]:

> "... any fact required to be proved at the trial ... by the evidence of witnesses shall be proved by the examination of the witnesses orally and in open court."

Bei den englischen Juristen kann man eine tief verwurzelte Aversion gegen schriftliche Beweise erkennen. Das klassische englische Mittel der Wahrheitsfindung ist daher auch, den Zeugen über das von ihm Wahrgenommene berichten zu lassen, sein dabei zur Schau gestelltes Betragen zu beobachten und seine Aussage durch gezielte Fragen auf die Probe[106] zu stellen. Dies hat in der englischen Gerichtspraxis dazu geführt, daß in der Regel sogar in Fällen, deren Beurteilung weitgehend von Inhalt und Auslegung einer Urkunde abhängt, nicht die Vorlage des Schriftstückes zu Beweiszwecken genügt. Vielmehr gilt auch heute noch der Grundsatz, daß der Aussteller einer Urkunde nach Möglichkeit vor Gericht erscheinen soll, um über Gültigkeit und Entstehungsumstände des Dokuments vor Gericht Rede und Antwort zu stehen[107]. Diese Besonderheit des englischen Beweisrechts steht in unmittelbarem Zusammenhang mit der zentralen Vorschrift, wonach grundsätzlich Beweise vom Hörensagen, d. h. mündliche und schriftliche Äußerungen von Personen, die nicht in der mündlichen Verhandlung auftreten, für Beweiszwecke unzulässig sind[108].

In erster Linie sollen also alle beweiserheblichen Tatsachen durch die mündliche Befragung von Zeugen bzw. Sachverständigen innerhalb der öffentlichen Hauptverhandlung bewiesen werden[109]. Dabei besteht kein wesentlicher Unterschied zwischen der Vernehmung von Zeugen und

---

104 *Hamson*, English Trial, S. 23; *Cross*, S. 196; *Rroscoe*, S. 164.

105 O. 38 r. 1 RSC.

106 *Jolowicz*, Oral and Written Proof-Taking, S. 8.

107 *Jolowicz*, Oral and Written Proof-Taking, S. 8, 14.

108 Vgl. unten C. II. 2.

109 *Phipson*, § 1514; *Wilson*, S. 368; *Nokes*, Evidence, S. 395; *Jacob & Wheatcroft*, S. 19.

Sachverständigen, die wie Zeugen dem Verhör und Kreuzverhör unterzogen werden.

Sachverständige können nicht einfach ein fertiggestelltes Gutachten verlesen. Sie müssen sich so verständlich ausdrücken, daß sie auch von Laienrichtern verstanden werden könnten, falls diese bei der Verhandlung anwesend wären[110]. Falls die Sachverständigen der Parteien zu unterschiedlichen Ergebnissen gelangen, muß das Gericht entscheiden, welcher Expertenmeinung es den Vorzug gibt[111]. Damit nicht die Parteien mehrere Sachverständige in der Hoffnung benennen, dadurch die Gegenseite überbieten zu können, kann die Zahl der Sachverständigen beschränkt werden[112]. Theoretisch gibt es auch noch die Möglichkeit, daß das Gericht selbst einen Sachverständigen benennt[113]. Dies geschieht allerdings nur unter der Voraussetzung, daß es von einer der Parteien darum ersucht wird. Ein solcher Gerichtssachverständiger fertigt ein schriftliches Gutachten an, und er kann auch nur mit besonderer Erlaubnis des Gerichts ins Kreuzverhör genommen werden. Diese gutachterliche Tätigkeit ist allerdings wenig gebräuchlich[114], weil innerhalb des englischen Gerichtsverfahrens die mündliche Befragung von Zeugen bzw. sachverständigen Zeugen bei der Tatsachenfeststellung von größerer Bedeutung ist als schriftliche Äußerungen, die zuvor von ihnen gemacht wurden[115].

> "In the viva voce examination and cross-examination of witnesses in open court, with their demeanor and mode of speech directly appreciable by the organs of decision, is present the method that yields all those advantages of orality, immediacy and publicity to which contemporary Continental reform is already beginning to aspire[116]."

1. Inhalt der Vernehmung

Die Zeugenvernehmung muß so angelegt sein, daß das Gericht einen genauen Einblick in die Persönlichkeit des Zeugen und von seiner Glaubwürdigkeit bekommt, wobei nicht nur von Bedeutung ist, was ein Zeuge sagt, sondern auch, wie er es sagt. Jeder Zeuge wird zunächst vor seiner Vernehmung vereidigt. Die Vereidigung nimmt nicht der Richter, sondern ein richterlicher Hilfsbeamter, der sogenannte „Assessor", vor. Diese Regelung mag damit zusammenhängen, daß sich der Richter allein auf die zur Entscheidung stehenden Fragen konzentrieren

---

110 *Amos*, S. 348.
111 *Jacob & Wheatcroft*, S. 16.
112 O. 38 r. 4 RSC.
113 O. 40 r. 1 RSC.
114 Supreme Court Practice, 40/1 - 6/2.
115 *Cross*, S. 202.
116 *Millar*, Trial Court, S. 36; vgl. auch *Amos*, S. 347, 348.

und nicht mit Routineaufgaben, die unter seiner Würde liegen, belastet sein soll.

Die Zeugen werden aufgrund einer zuvor genau festgelegten Strategie vernommen. Trotz aller offensichtlichen Mündlichkeit und Unmittelbarkeit sind ihre Aussagen vorprogrammiert. In der Regel haben die Zeugen bereits dem „Solicitor", für dessen Partei sie aussagen sollen, ein schriftliches „Statement" gefertigt. Auf der Basis dieser gefertigten Niederschriften werden die an den Zeugen zu richtenden Fragen formuliert.

a) Hauptverhör

Der Zweck des Hauptverhörs (examination-in-chief) ist es, Aussagen zu erhalten, die geeignet sind, die eigene Darstellung der Streitfragen zu untermauern[117]. Im Gegensatz zu Deutschland, wo die Zeugen zunächst das, was sie vom Gegenstand der Vernehmung kennen, zusammenhängend vortragen sollen, werden an die Zeugen in England präzise Fragen gestellt, die sie präzise beantworten müssen. Dabei darf es sich grundsätzlich nicht um Suggestivfragen (leading questions) handeln, d. h. Fragen, die dem Zeugen zu verstehen geben, welche Antwort von ihm erwartet wird, bzw. die das Vorhandensein zweifelhafter Fakten voraussetzen[118, 119].

Die Vernehmung der Zeugen ist oft eine langwierige Prozedur. Zwischen den einzelnen Fragen werden längere Pausen gemacht. Dies geschieht insbesondere dann, wenn der Richter, entgegen der allgemeinen Regel[120], die Aussagen nicht durch einen Urkundsbeamten mitstenografieren läßt, sondern sich seine eigenen Notizen macht.

b) Kreuzverhör

Das Recht, den Zeugen der Gegenpartei ins Kreuzverhör nehmen zu können, gehört zu den fundamentalen Regeln des englischen Zivilprozesses[121]. Das Kreuzverhör verfolgt einen doppelten Zweck[122]: Einmal sollen die im Hauptverhör gemachten Aussagen abgeschwächt, näher erläutert bzw. völlig entkräftet werden, etwa dadurch, daß die

---

117 *Cross*, S. 199.

118 *Cross*, S. 199.

119 Ausnahme: „hostile witnesses"; das sind Zeugen, die gegen die sie benennende Partei aussagen. Nicht jede ungünstige Aussage führt aber zur Einstufung als „hostile". Sie muß ein Vorurteil des Zeugen sowie seinen Widerstand erkennen lassen, zugunsten der — ihn aufrufenden — Partei auszusagen: *Odgers*, Pleading, S. 315.

120 O. 68 r. 1 RSC.

121 *Jolowicz*, Fundamental Guarantees, S. 163.

122 *Elliot*, S. 284; *Cross*, S. 226; *Phipson*, § 1544.

Glaubhaftigkeit bzw. Richtigkeit der Aussage in Frage gestellt wird; zum anderen will man Informationen erlangen, die die eigenen Behauptungen unterstützen[123]. Jeder Zeuge ist verpflichtet, auf jede Frage direkt zu antworten, gleichgültig, ob sie erheblich ist oder zunächst als nicht relevant erscheint[124]. Im Kreuzverhör sind auch Fragen erlaubt, die dem Zeugen die Antwort in den Mund legen.

Das Kreuzverhör verlangt großes Einfühlungsvermögen in die Person des Zeugen; denn häufig gelingt es dem Anwalt nur bei einer psychologisch richtigen Behandlung eines Zeugen, dessen Unglaubwürdigkeit offenzulegen bzw. die Erheblichkeit einer Aussage, sofern sie für den eigenen Mandanten ungünstige Folgen nach sich ziehen könnte, abzuschwächen. Dabei darf der Anwalt sehr weitgehende Angriffe gegen die Person des Zeugen richten, die unter Umständen sogar Ruf und Ehrgefühl des Zeugen beeinträchtigen. Der Handlungsspielraum des Anwalts ist nur durch den übergeordneten Gesichtspunkt eingeengt, daß er ebenso wie das Gericht an einer gerechten Entscheidung mitzuwirken hat[125].

> "Cross-examination is a powerful and valuable weapon for the purpose of testing the veracity of a witness and the accuracy and completeness of his story. It is entrusted to the hands of Counsel in the confidence that it will be used with discretion; and with due regard to the assistence to be rendered by it to the Court, not forgetting at the same time the burden that is imposed upon the witness ... At times, the cross-examination failed to display that measure of courtesy to the witness which is by no means inconsistent with a skilful, yet powerful cross-examination[126]."

Die Kunst des richtig angewandten Kreuzverhörs ist natürlich zu einer Zeit, in der der Prozeß vornehmlich nur noch vor einem Berufsrichter abrollt, nicht mehr von so überragender Bedeutung in Zivilsachen, wie zu der Zeit, als die Vernehmung stets vor den Augen der Männer aus dem Volke erfolgte; denn erfahrungsgemäß kann ein geschulter Richter dramaturgischen Einfallsreichtum des Anwalts besser durchschauen als Laienrichter. Es wird daher heute auch schon vielfach von der Möglichkeit Gebrauch gemacht, daß abwesende Zeugen ihre Aussagen durch „Affidavit“ vor einem vom Gericht anerkannten „Commissioner of Oaths“ beschwören[127]. Wann immer der Prozeßgegner aber meint, daß die direkte Befragung von Zeugen für die Entscheidung Bedeutung hat, kann er eine ordentliche Vernehmung mit „exami-

---

[123] *Newman*, S. 92.

[124] *Hamson*, English Trial, S. 28; *Newman*, S. 91.

[125] Mechanical and General Inventions Co. Ltd. and Another v. Austin and the Austin Motor Co. Ltd., [1935] A.C. 347.

[126] *Hanworth*, M.R. (Vorsitzender des Court of Appeal in der Vorinstanz), zit. von *Sankey*, L.J., in Mechanical Inventions v. Austin, [1935] A.C. 346 (359).

[127] *Nagel*, S. 65.

nation" und „cross-examination" beantragen. Dieses Recht ist Ausfluß des allgemeinen Prozeßgedankens, das die Entscheidung grundsätzlich auf der bestmöglichen Evidenz aufbauen muß[128]. In England hält man aber die mündliche Zeugenvernehmung für das verläßlichste Mittel der Wahrheitsfindung; man rühmt sich, daß in der Regel alle falschen Aussagen eines Zeugen im Zeugenstand aufgedeckt würden.

2. *Ursachen für den Vorrang des mündlichen Beweises und die „Best-Evidence-Rule"*

Der Grundsatz der Mündlichkeit des Beweisverfahrens sowie die Regeln für das Beweisrecht überhaupt, entwickelten sich parallel mit der neuen Stellung der „Jury"[129]. Zu der Zeit, als die Geschworenen noch aus eigener Kenntnis der Tatsachen eine Entscheidung fällten[130], gab es kein Beweisverfahren im heute bekannten Sinne. Nachdem sie aber allmählich ihren Zeugencharakter verloren, schafften die Richter weite Teile des englischen Beweisrechts aus dem Bestreben heraus zu verhindern, daß die Geschworenen durch die angebotenen Beweise fehlgeleitet wurden[131]. Es war die Pflicht des Berufsrichters, den Prozeß so zu führen, daß die Geschworenen weder verwirrt noch irregeleitet werden konnten. Dies führte dazu, daß der Inhalt der Beweisregeln nicht ausschließlich davon abhängig gemacht wurde, ob er für die Wahrheitsfindung im laufenden Verfahren relevant war, sondern mit Rücksicht auf das Vorhandensein einer „Jury" ließ man für Beweiszwecke nur das zuverlässigste Beweismaterial zu[132]. In der englischen Rechtspraxis hat sich so eine Grundregel für die Zulässigkeit von Beweisen herausgebildet, nämlich die, jeweils die bestmögliche Evidenz zu verlangen, d. h. es müssen die direktesten Beweise, die es gibt, gewählt werden, und es muß alles Material ausgeschlossen werden, das zu einer voreingenommenen und unzuverlässigen Betrachtung führen könnte[133].

Zu den Regeln, die Ausdruck des begrenzten Vertrauens in die ausgewogene und differenzierte Urteilsfähigkeit von Geschworenen sind, gehört unter anderem, daß ein Zeuge nur Tatsachen, nicht aber seine eigene Meinung äußern darf, weil sonst die Gefahr besteht, daß die Geschworenen als Tatsache ansehen, was in Wirklichkeit nur eine Meinungsäußerung des Zeugen ist und deswegen für die Entscheidungs-

---

128 *Phipson*, § 126.

129 *Holdsworth*, Legal History, vol. IX, S. 131; *Cornish*, S. 87; *Plucknett*, History, S. 136.

130 Vgl. oben § 4 B. I. 1.

131 *Holdsworth*, Legal History, vol. IX, S. 127; *Mullins*, S. 238.

132 *Newman*, S. 32; *Cornish*, S. 87; *Montrose*, L.Quart.Rev. 70 (1954), S. 527 (542); *Thayer*, Evidence, S. 2, 3; *Jolowicz*, Oral and Written Proof-Taking, S. 9.

133 *Forster*, S. 19.

findung von minderer Bedeutung ist[134]. So kann ein Zeuge beispielsweise nicht aussagen, daß eine Person betrunken gewesen sei, sondern er darf nur Tatsachen schildern, die auf eine Trunkenheit schließen lassen.

a) Aussagen vom Hörensagen

Einer der wesentlichen Aspekte der „Best-Evidence-Rule" ist der, daß die Beweise originärer Natur sein müssen und nicht abgeleitet sein dürfen[135]. Hierauf beruht die Regel, daß mündliche und schriftliche Äußerungen, die von anderen als den vor Gericht auftretenden Zeugen gemacht worden sind, grundsätzlich nicht die behaupteten Tatsachen beweisen können[136] (rule against hearsay). In der Regel genügt es also nicht, daß ein Zeuge über das aussagt, was ein anderer wahrgenommen und ihm erzählt hat, sondern es soll der ursprünglich Äußernde persönlich vernommen werden.

Ähnliches wie für die Einschränkungen der Bekundungen vom Hörensagen gilt auch für die Limitation schriftlicher Erklärungen solcher Personen, die nicht Parteien in dem Prozeß sind[137]. Grundsätzlich genügt nicht die Vorlage ihrer schriftlichen Erklärungen, sondern diese Personen sollen als Zeugen vernommen werden, wobei die Technik des Kreuzverhörs angewendet wird, etwa in der Form, daß man den Aussteller der Urkunde als Zeugen aufruft, um die Echtheit der Urkunde zu bezeugen, wobei seine Aussage durch das Kreuzverhör nachgeprüft werden kann[138]. Prinzipiell besteht also im Hinblick auf die Hörensagen-Regel kein Unterschied, ob ein Zeuge die Äußerung eines Dritten wiedergibt, oder ob eine Urkunde vorgelegt wird, ohne daß deren Aussteller vernommen wird.

b) Gründe für die Einschränkungen der Aussagen vom Hörensagen

Für die Einschränkungen der Beweise vom Hörensagen gibt es verschiedene Gründe. Der wichtigste ist wohl der, daß Beweise direkt in mündlicher Form und öffentlich unter Eid erbracht werden sollen, und unter Bedingungen, wo sie sogleich der Feuerprobe durch das Kreuzverhör unterzogen werden können[139]. Die Technik des Kreuzverhörs

---

[134] Vgl. *Holdsworth*, Legal History, vol. IX, S. 211.

[135] *Thayer*, Evidence, S. 488.

[136] *Cross*, S. 421; *Elliot*, S. 145; *Cowen & Carter*, S. 1; *Phipson*, § 632.

[137] *Phipson*, § 639.

[138] *Cappelletti*, procédure orale, S. 18 Anm. 31; *Jaeger*, Schweiz.JZ 1964, S. 267.

[139] *Elliot*, S. 146; *Newman*, S. 63; *Newark*, Mod.L.Rev. 31 (1968), S. 668; *Jaeger*, S. 268; Teper v. Reginam, [1952] 2 All E.R. 447 (449); Meyers v. Director of Public Prosecutions, [1964] 2 All E.R. 881 (884) H.L.; vgl. auch Berkeley Peerage Case (1811), 4 Camp. 401 (405, 406) H.L.

kann nur in vollem Umfang ausgespielt werden, wenn der Zeuge seine eigenen unmittelbaren Erlebnisse schildert; denn dann muß er sich wirklich vor den Augen des Gerichts und der Öffentlichkeit zu seiner Aussage bekennen, und er muß damit rechnen, daß Widersprüche der Überprüfung durch das Kreuzverhör nicht standhalten.

Historisch gesehen ist diese Regelung ebenfalls auf das Vorhandensein einer „Jury" zurückzuführen. Von ihr erwartet man nicht, daß sie die mindere Qualität eines indirekten Beweises richtig einzuschätzen vermochte[140].

"In the most of the Continental states, the judges determine upon the facts in dispute as well as upon the law, and they think there is no danger in their listening to evidence of hearsay because when they come to consider their judgement upon the merits of the case they can trust themselves entirely to disregard the hearsay evidence or to give it any little weight which it may seem to deserve. In England, where the jury are the sole judges of fact, hearsay evidence is properly excluded, because no man can tell what effect it might have upon their minds[141]."

c) Hörensagen im gegenwärtigen Prozeßrecht

Der Ausschluß der Aussagen vom Hörensagen ist zur führenden Vorschrift des englischen Beweisrechts geworden[142]. Der „Civil Evidence Act 1968" hat das Ausmaß dieser Regel aber auf ein Mindestmaß begrenzt. Die Grundregel ist nunmehr eingebettet in eine Vielzahl von Ausnahmevorschriften, die teilweise schon lange durch die Rechtsprechung[143] oder auch gesetzlich[144] entwickelt worden waren, aber nunmehr in einem einheitlichen Gesetz normiert sind.

Diese Einschränkungen waren notwendig geworden, weil die strikte Durchführung der Bestimmung zu Härten geführt hatte. War z. B. ein Zeuge aus irgendeinem Grunde nicht mehr verfügbar, so konnte seine frühere Aussage der klassischen Regel zufolge nicht herangezogen werden, selbst wenn eine Anzahl von Personen die Äußerung bezeugen konnte[145]. Ferner kam es in solchen Fällen zu unbilligen Ergebnissen, in denen der Aussteller einer Urkunde nicht mehr gehört werden konnte. Die Einschränkungen bei der Zulassung von beweiserheblichen

---

140 *Newark*, S. 668; *Forster*, S. 19; *Thayer*, Evidence, S. 1, 391.

141 *Sir James Mansfield*, in Berkeley Perrage Case, 401 (415).

142 *Phipson*, § 631.

143 Vgl. dazu *Lord Reid*, in Myers v. Director of Public Prosecutions, 884, 885, in *Lord Pearce*, 896.

144 sec. 9 Civil Evidence Act 1968. Bereits der Civil Evidence Act 1938 sah vor, daß eine Urkunde unter bestimmten Voraussetzungen als Beweis dienen konnte, wenn der Aussteller aus irgendwelchen Gründen nicht als Zeuge auftreten konnte.

145 *Lord Mansfield*, in Berkeley Perrage Case, 415.

Tatsachen sind deswegen auf mancherlei Kritik gestoßen[146]. Insbesondere bemängelte man, daß sich die Beweisregeln darauf konzentrierten, entscheidungserhebliches Beweismaterial zu beschneiden[147]. Dies hat in vielen Fällen zu ungerechten Ergebnissen geführt, weil so das Einbringen von Hilfsinformationen verhindert wurde, auch wenn sie für ein Verfahren von Bedeutung waren[148]. Diese Kritik verstärkte sich, je mehr die Zahl der Geschworenenverhandlungen im Zivilprozeß abnahm[149]; denn damit entfiel die Rechtfertigung für diese Regeln. Eine Änderung war aber nicht von heute auf morgen zu erwarten; denn man wollte verhindern, daß sich unterschiedliche Regeln für den Zivilprozeß entwickelten, je nachdem, ob er mit oder ohne „Jury" stattfand. Hand in Hand mit der Rückläufigkeit von Geschworenen bei Zivilprozessen ist aber das Beweisrecht umgestaltet worden[150]. Den letzten Anstoß für die Reform des Beweisrechts gaben die ständig steigenden Prozeßkosten. Deswegen wollte man die Zahl der Zeugen und den Aufwand für deren Herbeischaffung reduzieren. Es sollten nicht mehr unnötigerweise Zeugen aufgerufen werden, etwa wenn es um Tatsachen geht, die in einem Schriftstück enthalten sind[151].

Es soll hier nicht auf die speziellen Ausnahmevorschriften eingegangen werden, die der „Civil Evidence Act 1968" normierte. Nur soviel sei gesagt: Aussagen vom Hörensagen aus erster Hand sind nunmehr uneingeschränkt zugelassen[152]. Dabei handelt es sich um Äußerungen, die von A gemacht und dadurch bewiesen werden, daß eine Urkunde vorgelegt wird, die die Äußerung enthält, oder daß eine dritte Person von dem berichtet, was A sagte[153]. Hörensagen aus zweiter Hand ist grundsätzlich nicht zulässig, es sei denn, es existiert eine schriftlich fixierte Aussage[154]. Das bedeutet, daß nunmehr alle Urkunden und Niederschriften zu Beweiszwecken herangezogen werden können, wenn die darin gemachten Angaben pflichtgemäß aufgrund der direkten Information durch eine Person, die entweder selbst Kenntnis von den Tatsachen hatte oder aber die Kenntnis durch eine dritte Person er-

---

[146] Vgl. *Diamond*, L.J. 1962, S. 286 f.; *Montrose*, L.Quart.Rev. 70 (1954), S. 542; *Mullins*, S. 237.

[147] *Cornish*, S. 308.

[148] *Hamson*, English Trial, S. 27; vgl. auch *Lord Pearce*, in Myers v. Director of Public Prosecutions, 895.

[149] Vgl. *Nokes*, Tul.L.Rev. 31, S. 153 (171).

[150] *Kaplan*, Mich.L.Rev. 69 (1970 - 71) vol. II, S. 820 (833); *Jacob & Wheatcroft*, S. 21.

[151] *Wilson*, S. 370.

[152] sec. 2 Civil Evidence Act 1968.

[153] *Phipson*, § 649; *Cross*, S. 421.

[154] sec. 4, 5 Civil Evidence Act 1968.

langte, die zur Weitergabe der Information verpflichtet war, gemacht worden sind[155].

Trotz der weitreichenden Zulassung der Aussagen vom Hörensagen liegt darin keine Abkehr von der grundsätzlichen Regelung des englischen Beweisrechts, wonach beweispflichtige Tatsachen durch die mündliche Befragung von Zeugen, die aus eigener Erfahrung sprechen, bewiesen werden müssen[156]. Das verdeutlicht schon die Tatsache, daß ein bestimmtes Verfahren eingehalten werden muß, damit der Beweis vom Hörensagen zulässig ist. Die Parteien haben dem Gegner davon Mitteilung zu machen, wenn sie von dieser Art des Beweises Gebrauch machen wollen[157]. Es müssen die genauen Gründe spezifiziert werden, warum der ursprünglich Äußernde nicht als Zeuge vernommen werden kann oder soll[158]. Damit soll erreicht werden, daß der Gegner sich auf diese Art des Beweises einstellen und prüfen kann, ob die Umstände, die angeblich eine direkte Vernehmung unmöglich machen, tatsächlich vorliegen[159]. Wenn eine Partei den Vorteil hat, Beweismittel aus zweiter Hand einzubringen, dann nur unter der Voraussetzung, daß sie diese vor der Hauptverhandlung offenlegt und dem Gegner damit die Möglichkeit des Widerspruchs gibt[160]. Insofern handelt es sich um eine Ausnahme zu dem Grundsatz, daß eine Partei nicht dazu aufgefordert werden kann, die Beweismittel aufzudecken, mit denen sie die bestrittenen Tatsachen in der mündlichen Verhandlung beweisen will[161]. Gegebenenfalls kann die gegnerische Partei Einwände gegen den beabsichtigten indirekten Beweis erheben und verlangen, daß die unmittelbar Kenntnis habende Person mündlich vernommen und dem Kreuzverhör unterzogen wird. Dann ist der Beweis vom Hörensagen unzulässig, es sei denn, daß das Gericht, genauer gesagt, der „Master" im Vorverfahren, aufgrund einer pflichtgemäßen Ermessensentscheidung den indirekten Beweis gleichwohl zuläßt[162].

Abschließend läßt sich sagen, daß der Grundsatz der Mündlichkeit bei allen Neuerungen innerhalb des Zivilprozesses im allgemeinen und hinsichtlich des Beweisverfahrens im besonderen nicht angetastet worden ist. Es wurden nur einige starre Regeln modifiziert, die sich aus der Existenz der „Jury" ergaben, die aber wegen der schwindenden

---

155 *Phipson*, § 655; *Elliot*, S. 157.

156 *Wilson*, S. 171; *Phipson*, § 661; *Jolowicz*, Oral and Written Proof-Taking, S. 8, 16.

157 O. 38 r. 21 RSC.

158 Ford v. Lewis, [1971] 2 All E.R. 983 (989 f.).

159 *Cross*, S. 422; Supreme Court Practice, 38/20/6.

160 Ford v. Lewis, 990.

161 Vgl. oben § 3 B. III.

162 O. 38 r. 29 RSC.

Bedeutung der Laienrichter im Zivilprozeß und dem Erfordernis, den Prozeß rationell und möglichst wenig kostspielig zu gestalten, nicht mehr zeitgemäß waren.

III. Mündlichkeit und ihre Auswirkungen auf Stellung und Aufgaben des Richters und der Prozeßbevollmächtigten

Die Konzentration des Verfahrens auf eine mündliche Verhandlung erfordert nicht nur eine eingehende und kritische Vorbereitung, sondern es muß ein hoher Standard beruflicher Fähigkeiten hinzukommen. Die anwaltlichen Vertreter müssen zu gründlicher und umfassender Mitarbeit bereit sein, um dem Richter die Rechtsfindung zu erleichtern. Die Richter müssen infolge langjähriger Erfahrung und kraft ihrer Persönlichkeit in der Lage sein, den Sachverhalt schnell zu analysieren und aufgrund dessen eine Entscheidung fällen, die auch vor den Augen der Öffentlichkeit Bestand hat[163].

Die „Barrister“ haben im englischen Prozeß eine überragende Bedeutung[164]. Sie sind es, die den Prozeß führen. Der Richter nimmt demgegenüber eine mehr beobachtende Stellung ein. In das Prozeßgeschehen mischt er sich nur sehr zurückhaltend ein. Er muß ein guter Zuhörer sein, der in der Lage ist, aufgrund des Gehörten die verschiedenen Argumente gegeneinander abzuwägen. Man kann sagen, daß der Prozeß zwar vor dem Richter, aber nicht von ihm geführt wird[165].

1. Notwendigkeit gründlicher Vorarbeit seitens der Prozeßbevollmächtigten

Da dem Richter das gesamte Material, das er zur Entscheidungsfindung benötigt, vorzutragen ist[166], hängt es in besonders entscheidendem Maße von der gründlichen Vorarbeit des „Barristers“ und dessen Übersicht über den zu erwartenden Prozeßverlauf ab, ob eine Partei im Prozeß gewinnt oder unterliegt. Bei seiner vorbereitenden Tätigkeit wird der „Barrister“, der weder mit den Parteien noch mit den Zeugen unmittelbar verkehrt, vom „Solicitor“ unterstützt. Dieser ermittelt durch Befragung der von ihm vertretenen Partei und durch Vernehmung von Zeugen, wobei sogenannte „Statements of Proof“ angefertigt

---

[163] Das richterliche Auswahlverfahren in England gewährleistet ein Höchstmaß an beruflichen Fähigkeiten, denn es werden nur solche Personen zu Richtern ernannt, die auf eine lange erfolgreiche Tätigkeit als „Barrister“ zurückblicken können, vgl. dazu *Kayser*, S. 75 ff.; *Hamson*, Juridicial Review 67 (1955), S. 188 (199).

[164] *Mann*, S. 8; *Hamson*, Rev.Int.Dr.Comp. 1956, S. 536.

[165] *Abel / Bresch*, S. 8; *Cappelletti*, Fundamental Guarantes, S. 800; *Jackson*, S. 75.

[166] *Archibald*, S. 123.

werden, die tatsächlichen Umstände. Der „Solicitor“ sichtet ferner die Urkunden, welche erheblich sind und dem Gericht vorgelegt werden sollen. Bei dieser Tätigkeit steht er in ständigem Kontakt mit dem „Barrister“, der den Fall später vor Gericht vertreten wird. Dieser begutachtet das ihm vom „Solicitor“ überreichte Material darauf, ob es vor den Augen des Gerichts ausreichend sein wird, den Anspruch des Klägers zu begründen bzw. den Einwand des Beklagten zu untermauern. Der „Barrister“ wird den „Solicitor“ gegebenenfalls zur Vervollständigung des Beweismaterials auffordern und sonstige das Verfahren betreffende Punkte mit ihm besprechen, etwa wie die Klage bzw. Verteidigung noch gestärkt werden kann[167]. Der „Solicitor“ hat also im unmittelbaren Verkehr mit der prozeßführenden Partei das Prozeßmaterial zu sammeln, während es Aufgabe des „Barristers“ ist, dessen Beschaffenheit unter kritischer Würdigung sämtlicher Umstände verbindlich zu klären. Ergibt die Prüfung seitens des „Barristers“, daß das Material nicht ausreicht, um den Prozeß zu gewinnen, so wird der „Solicitor“ die Anrufung des Gerichts nicht erzwingen, sondern den Prozeßstoff noch einmal kritisch untersuchen und gegebenenfalls seinem Mandanten raten, auf den Prozeß ganz zu verzichten[168]. Eine Haftung des „Solicitors“ wegen falscher Rechtsberatung kommt nicht in Betracht, wenn er dem Rat des „Barristers“ folgt.

Die Verschiebung des Gewichts vom Gericht auf den Anwalt, und zwar sowohl in tatsächlicher wie in rechtlicher Hinsicht[169], bedeutet nicht nur eine Entlastung des Richters, sondern führt zugleich zu einer erheblichen Verminderung der Prozesse; denn der kritischen Prüfung durch den „Barrister“ hält nur solches Prozeßmaterial stand, welches tatsächlich geeignet ist, den Prozeß zugunsten der eigenen Partei zu entscheiden. Wenn ihm der Erfolg als unmöglich oder unwahrscheinlich erscheint, wird der Prozeß oder jedenfalls die mündliche Verhandlung häufig unterbleiben. Die Vorauslese führt dazu, daß viele Fälle, für die andernorts ein mündlicher Termin anberaumt wird, hier durch den „Barrister“ aussortiert werden und somit den Richter gar nicht mehr behelligen. Kommt es zur mündlichen Verhandlung, zeigt es sich, ob der „Barrister“ den Fall wirklich in rechtlicher und tatsächlicher Hinsicht richtig eingeschätzt hat und ob er die Taktik der Zeugenvernehmung beherrscht.

---

[167] *Kaplan,* Mich.L.Rev. 69 (1970 - 71) vol. II, S. 831.

[168] Vgl. *Liebscher,* Jur.Bl. 1964, S. 180 ff.

[169] Vgl. im einzelnen unten 3.

2. *Zusammenwirken von Richter und „Barrister" bei der Tatsachenfeststellung*

Die mündliche Verhandlung ist das Betätigungsfeld des „Barristers". Es muß ihm möglich sein, seinen Fall darzustellen und die Zeugen in Verhör und Kreuzverhör zu vernehmen, ohne daß er dabei vom Richter wesentlich unterbrochen wird. Der Richter greift daher in der Regel weder in das Verfahren im allgemeinen noch in die Beweisaufnahme im besonderen ein[170]. Das traditionelle englische Verständnis von den Aufgaben des Richters geht dahin, daß er eine passive Rolle zu spielen und die Führung des Prozesses den Parteien zu überlassen hat; er ist der Schiedsrichter, der darüber wacht, daß die Parteien eine faire Auseinandersetzung führen und die prozeßrechtlichen Regeln einhalten[171]. Er hat festzustellen, ob die Parteien ihrer Beweispflicht nachgekommen sind, d. h. ob sie ihre in den „Pleadings" aufgestellten Behauptungen bewiesen haben. Dies hat den Vorrang vor der Erforschung des materiellen Wahrheitsgehaltes[172]. Infolgedessen kann der Richter auch nicht von sich aus Zeugen benennen[173] oder Urkunden in den Prozeß einführen[174] oder sein eigenes privates Wissen verwenden, sondern er muß sich mit Zeugen und Urkunden zufrieden geben, die von den Parteien als Beweismittel gewollt sind. Konsequenterweise sieht der englische Anwalt seine Hauptaufgabe eher darin, die Tatsachen zu beweisen, als den Richter zu informieren[175].

Der Verhandlungsgrundsatz, wonach es Sache der Parteien ist, dem Gericht das Prozeßmaterial zu unterbreiten, läßt nach englischer Auffassung kaum Durchbrechungen zu. Eine richterliche Aufklärungspflicht — im deutschen Zivilprozeß ein wichtiges Mittel zur Vervollständigung des Prozeßstoffes[176] — gibt es in England nicht[177]. Es ist nicht Aufgabe des Richters und gehört schon gar nicht zu seinen Verpflichtungen, auf Beweislücken aufmerksam zu machen, die ihm wichtig erscheinen[178]. Um einen raschen Verfahrensablauf sicherzustellen, wird der Richter aber gewöhnlich andeuten, ob seiner Meinung nach zu einer bestimm-

---

170 *Mann*, S. 9; *Löwenkamp*, S. 46; *Cohn*, Gerichtstag, S. 43; *Cornish*, S. 84; *Jolowicz*, Fundamental Guarantees, S. 163; *Wilson*, S. 165.

171 *Zander*, S. 204; *Wilson*, S. 164, 165; *Jacob & Wheatcroft*, S. 3.

172 *Cappalletti*, Fundamental Guarantees (Summary of Discussions), S. 806.

173 Re Enoch v. Zaretzky Bock & Co's Arbitration (1910), 79 L.J.K.B. 363 (366); Fallon v. Calvert, [1960] 1 All E.R. 281 (283): Briscoe v. Briscoe, [1966] 1 All E.R. 465 (466).

174 Owen v. Nicholl, [1948] 1 All E.R. 707 (709) C.A.

175 *Cappelletti*, Fundamental Guarantees, S. 806.

176 Vgl. § 139 ZPO.

177 *Nagel*, S. 51.

178 *Mann*, S. 9.

ten Frage noch weitere Beweise erforderlich sind oder ob er ein Problem als schon geklärt ansieht[179]. Der Richter kann auch Fragen stellen, insbesondere solche, die im Interesse der Gerechtigkeit oder zum besseren Verständnis der Zeugenaussagen erforderlich sind[180]. Wurden also Punkte übersehen oder hat der Richter das Gefühl, daß ein tatsächliches Problem noch nicht so geklärt ist, daß er es richtig einschätzt, kann er durch gezielte Fragen an die Zeugen die Unklarheit beseitigen[181]. Ein Eingreifen des Richters ist auch dann zulässig und wünschenswert, wenn dadurch unnötige Wiederholungen und unwesentliche Ausführungen vermieden werden.

Eine Intervention des Richters in den Verfahrensablauf hat aber eher zurückhaltend zu erfolgen. Auch wenn dem Richter eine weitgehende Einmischung im Interesse der Wahrheitsfindung oder zum Schutze eines durch das Kreuzverhör besonders hart bedrängten Zeugen oder für einen schnellen Verfahrensablauf ratsam erscheint, muß er sich davor hüten, selbst und unmittelbar in den Streit der Parteien einzugreifen[182]. Er soll niemals selbst auf den Kampfplatz hinabsteigen[183]. Das Eingreifen des Richters in den Ablauf des Verfahrens darf nicht von der Art und Häufigkeit sein, daß es als Parteinahme gewertet werden kann[184], oder daß die Anwälte dadurch bei der Darstellung des Falles bzw. bei der Vernehmung der Zeugen in der von ihnen vorgestellten und vorbereiteten Form behindert werden[185]. Insbesondere ist bei einer Einmischung in das Kreuzverhör sehr vorsichtig vorzugehen, damit nicht der Erfolg der anwaltlichen Taktik geschwächt wird.

Bacon[186] hat die Rolle des Richters plastisch charakterisiert:

> "Patience and gravity of hearing is an essential part of justice; and an over-speaking judge is no well-tuned cymbal."

Hält sich der Richter nicht an diese Regel und mischt er sich in das Recht des Anwalts auf Verhör der Zeugen so weit ein, daß aus der anwaltlichen Vernehmung im wesentlichen eine richterliche Vernehmung wird, kann darin eine Verletzung der fundamentalen Grundsätze des Beweisrechts zu sehen sein, so daß unter Umständen ein Revisions-

---

179 *Kiralfy*, S. 282.

180 *Kiralfy*, S. 288; *Elliot*, S. 289; *Goldschmidt*, S. 218; Jones v. National Coal Board, [1957] 2 All E.R. 155 (159); Banbury v. Bank of Montreal, [1918] A.C. 626 (661) H.L.

181 Jones v. National Coal Board, 160; Yuill v. Yuill, [1945] 1 All E.R. 183 (185).

182 *Lord Denning*, in Jones v. National Coal Board, 158.

183 *Lord Greene*, in Yuill v. Yuill.

184 Jones v. National Coal Board, 159.

185 *Elliot*, S. 289; *Wilson*, S. 165; Banbury v. Bank of Montreal, 661.

186 Zit. von *Lord Denning*, in Jones v. National Coal Board, 159.

grund für die so beeinträchtigte Partei vorliegt[187]. Der Richter beschränkt sich daher darauf, die Argumente zu prüfen, welche die Parteien vortragen und zu entscheiden, welche der beiden Parteien die Behauptungen zu seiner Zufriedenheit bewiesen bzw. den besseren Rechtsstandpunkt vertreten hat.

3. Zusammenwirken von Richter und „Barrister" bei der Behandlung der Rechtsfragen

Zwar gilt auch in England der Grundsatz, daß es Rechtspflicht des Gerichts ist, das Recht zu kennen[188]. Es gehört aber zu den ungeschriebenen Pflichten des „Barristers" und auch des „Solicitors", dem Richter diese Kenntnis zu verschaffen[189].

> "It is not, of course, in cases of complication possible for their Lordships to be aware of all the authorities, statutory or otherwise, which may be relevant to the issues requiring decision in a particular case. Their Lordships are therefore very much in the hands of counsel, and those who instruct counsel in these matters, and it is the practice of the house to expect and indeed insist, that authorities that bear one way or the other upon matters under debate should be brought to the attention of their Lordships, ... irrespective of whether or not the particular authority assists the party who is aware of it. It is an obligation of confidence between their Lordships and all those who assist in the debates in this house in the capacity of counsel[190]."

Diese Unterrichtung erfolgt insbesondere in den anwaltlichen Schlußplädoyers, die gründlicher Vorbereitung bedürfen. Dabei handelt es sich nicht um Plädoyers in dem Sinne, daß der Richter den Ausführungen schweigend zuhört und sich allenfalls einige Notizen macht. Es findet vielmehr eine Art Rechtsgespräch statt[191], das sich gegebenenfalls über mehrere Stunden erstrecken kann. Dieses Gespräch dient der Aufklärung und Analyse des Sachverhalts und der Rechtsfragen. Die Anwälte bringen Argumente für die von ihnen vertretene Sache. Diese Argumentation beschränkt sich nicht auf Deutung und Auslegung der entscheidungserheblichen Tatsachen, sondern sie ist vor allem darauf gerichtet, den Richter bei der Klärung der rechtlichen Probleme zu unterstützen[192]. Dabei setzen sich die „Barrister" kritisch mit allen ein-

---

187 *Cappelletti,* Fundamental Guarantees, S. 800; Jones v. National Coal Board.

188 *Mann,* S. 10.

189 *Cohn,* Reich des Anwalts, S. 24; vgl. auch Annual Statement of General Council of the Bar 1971 - 1972, zit. bei *Wilson,* S. 170; Rahimtoola v. Nizam of Hyderabad, [1958] A.C. 379 (423, 424) H.L.

190 *Lord Birkenhead,* in Glebe Sugar Refining Co. Ltd. v. Trustees of Port & Harbour of Greenock (1921), 125 L.T. 578 (579).

191 *Hamson,* Rev.Int.Dr.Comp. 1956, S. 533.

192 Vgl. z. B. Buckle v. Buckle, [1955] 3 All E.R. 641 (642); *Mann,* S. 10; *Schmitthoff,* S. 41; *Cohn,* Gerichtstag, S. 48; *Kaplan,* S. 833.

schlägigen Gesichtspunkten und gerichtlichen Vorentscheidungen auseinander. Es gibt keinen Anwalt — außer in Bagatellsachen —, der nicht im Gerichtssaal eine Fülle von Entscheidungen stets zur Hand hat. In vielen Fällen sind Richter und gegnerische Partei bereits vorher davon in Kenntnis gesetzt worden, welche Vorentscheidungen zitiert werden sollen, so daß sie die einschlägigen Bände bereits offen vor sich liegen haben. Nicht selten enthalten die Gerichtssäle selbst eine umfangreiche Bibliothek, so daß Richter und Anwälte jederzeit die zitierten Urteile im Wortlaut verfolgen können. Anwälte und Richter erörtern gemeinsam, ob die Ausführungen in dem zitierten Urteil bindend sind (ratio decidendi) oder ob es sich nur um eine beiläufige Bemerkung in einer Vorentscheidung ohne Bindungswirkung handelt (obiter dictum)[193]. Auch die einschlägigen Gesetzesvorschriften werden vorgelesen und ihre Anwendbarkeit auf den konkreten Fall erörtert.

Der Richter stellt Zwischenfragen, wenn ihm etwa Äußerungen nicht klar genug erscheinen, oder wenn Unstimmigkeiten auftreten. Er ist stets darauf bedacht, jede nur denkbare Unterstützung für die rechtliche Beurteilung der Probleme zu erhalten. Dabei macht er seine Gedanken zu einzelnen Rechtsfragen deutlich, so daß weitere Ausführungen unterbleiben, wenn der Richter bereits überzeugt ist bzw. der „Barrister" keine Zeit auf solche Argumente aufzuwenden braucht, die den Richter ohnehin nicht beeindrucken. Der „Barrister" kann sich so darauf beschränken, Fragen zu behandeln, zu denen der Richter noch nicht endgültig Stellung bezogen hat[194].

Es ist (Standes)Pflicht der Parteivertreter, das Gericht auf alle entscheidungserheblichen Vorentscheidungen aufmerksam zu machen, und zwar nicht nur insoweit, als sie für die eigene Partei günstig sind[195]. Darüber, daß der Anwalt seiner Informationspflicht in gebührendem Maße nachkommt, wacht das Gericht selbst. Muß der Richter eigene Untersuchungen nach Vorentscheidungen und Gesetzesmaterialien anstellen, weil die Anwälte in diesem Punkt versagt haben, so müssen diese auf eine entsprechende Schelte in dem Urteil gefaßt sein[196]. Andererseits ist es aber genauso gut möglich, daß der Richter die gute Vorarbeit des „Barristers" in seinem Urteil lobend hervortut[197].

---

[193] *Odgers,* Pleading, S. 312.

[194] *Archibald,* S. 123.

[195] *Odgers,* Pleading, S. 312.

[196] Christie v. Leachinsky, [1947] 1 All E.R. 567 (572); Moore v. Hewitt (1947), 63 T.L.R. 477 ff. = [1947] 2 All E.R. 270 (271); Re Lawrence's Will Trusts, [1972] 1 Ch. 418 (436, 437).

[197] Buckle v. Buckle, a.a.O.

4. Mündlichkeit und die Verantwortung der Prozeßbevollmächtigten für das Prozeßgeschehen

Die „Barrister“ können die Argumente, die sie mündlich im Gerichtssaal entwickelt haben, nicht durch schriftliche Ausführungen an den Richter ergänzen; insofern ist das, was der Richter zu hören bekommt, aber auch, wie es ihm übermittelt wird, von entscheidender Bedeutung. Nichts wird dem Zufall überlassen. Beide „Barrister“ führen eine vom „Solicitor“ vorbereitete Akte bei sich, die alle maßgebenden Fakten sowie die bereits dem „Solicitor“ gegenüber gemachten Aussagen der eigenen Zeugen enthält. Ferner finden sich in dieser Akte Kopien der Schriftsätze und alle Urkunden sowie gewöhnlich ein Bündel der außergerichtlichen Korrespondenzen.

Da alles mündlich vorgetragen werden muß, geht das gerichtliche Verfahren naturgemäß sehr langsam voran und kann auf einen oberflächlichen Betrachter ermüdend und langweilig wirken. Interessant wird es aber, wenn man das Geschehen, das vor dem Richter abrollt, genauer betrachtet. Was sich dort abspielt, ist eine Aufführung, die nicht ihresgleichen hat; es gibt weder eine Probe noch Wiederholungen. Die Hauptverhandlung ist einmalig und nicht teilbar[198]. Solange sie dauert, richtet sich die Konzentration aller Anwesenden nur auf sie; denn hier handelt es sich um den Höhepunkt des gesamten Verfahrens. Was zu sagen ist, muß jetzt gesagt werden; einmal Versäumtes kann nicht anläßlich eines neuen Termins nachgeholt werden. Die „Barrister“ müssen flexibel sein, um allen taktischen Unternehmungen des Gegners wirkungsvoll und direkt entgegentreten zu können; es ist ihnen nicht möglich, bei überraschend auftauchenden Problemen, um eine Vertagung des Prozesses zu bitten, um sich neue Informationen zu verschaffen.

Aber nicht nur für den „Barrister“, sondern auch für den „Solicitor“ ist jetzt die kritische Phase des Rechtsstreits erreicht. Er nimmt an der Hauptverhandlung teil, agiert aber nur im Hintergrund. Er hat darauf zu achten, daß die Verhandlung in der vorher angenommenen Weise abrollt, und dem „Barrister“ entsprechende Hinweise zu geben. Das einmal erarbeitete Konzept soll nach Möglichkeit eingehalten werden. Die Zeugen müssen zur Stelle sein. Wenn nach einer Urkunde gefragt wird, muß sie vorgelegt werden können. Soll eine Entscheidung zitiert werden, ist sie bereit zu halten. Sollte aber doch wider Erwarten ein unvorhergesehenes Problem auftauchen, dann muß der „Solicitor“ sehen, wie es schnell gelöst werden kann. Der Erfolg in einem Prozeß hängt also in entscheidendem Maße von der Mitarbeit und Weitsicht des „Solicitors“ ab; er teilt mit dem „Barrister“ die Last der Verantwortung für den Erfolg.

---

[198] *Forster*, S. 18.

§ 5 Schlußbetrachtung

Die Verteilung von schriftlichen und mündlichen Elementen und deren unterschiedliche Gewichtigkeit steht in direktem Zusammenhang mit anderen für den englischen Zivilprozeß charakteristischen Kriterien. Dabei handelt es sich einmal um die scharfe Trennung in ein vorwiegend schriftliches Vorverfahren und ein mündliches Erledigungsverfahren der Streitpunkte, ein Merkmal, das einen der wesentlichen Unterschiede zwischen dem Prozeßrechtssystem der „Common Law"-Länder und dem deutschen System darstellt[1].

Die englische Regelung basiert auf der Vorstellung, daß sich eine mündliche Verhandlung besser als jedes schriftliche Verfahren eignet, dem Richter einen umfassenden Eindruck von den zur Entscheidung stehenden Vorgängen zu vermitteln und so eine gerechte Entscheidung zu gewährleisten. Das Vorverfahren soll nicht das Ausmaß und die Bedeutung der mündlichen Hauptverhandlung schmälern, sondern im Gegenteil die Voraussetzung für deren reibungslosen Verlauf schaffen. Die Vielzahl der Regelungen zur Vorbereitung der Hauptverhandlung und die Mühe, die auf ihrer Ausarbeitung verwendet worden ist, dienen alle im Grunde genommen nur der Unterstützung der mündlichen Hauptverhandlung und unterstreichen noch so recht ihre Bedeutung.

Die englische Methode der Anordnung mündlicher und schriftlicher Prozeßgestaltungsformen begünstigt auch die uneingeschränkte Durchführung des Beibringungsgrundsatzes. Die Herrschaft der Parteien über das Verfahren — nicht nur im Hinblick auf den für das Gericht bestimmten Tatsachenstoff, sondern auch hinsichtlich der gesamten Prozeßführung — ist im englischen Zivilprozeß tief verwurzelt. Sie entspricht am ehesten dem sehr stark ausgeprägten Widerwillen des Engländers, sich in seinen privaten Beziehungen durch dritte Personen oder gar staatliche Stellen bevormunden und gängeln zu lassen, sowie seiner besonderen Vorliebe, sich jeglichem Gegner im fairen Wettkampf zu stellen[2]. Eine Abschwächung des Verhandlungsgrundsatzes — etwa durch richterliche Prozeßleitung[3], richterliche Aufklärungs-

---

[1] Vgl. *Jacob*, Introductory Memorandum, S. 15 Anm. 27.

[2] *Jacob & Wheatcroft*, S. 3.

[3] Anders im deutschen Zivilprozeß, vgl. *Baumbach / Lauterbach*, Übersicht 2 vor § 128.

pflicht[4] oder richterliche Anordnung von Augenscheins-, Zeugen- und Sachverständigenbeweis[5] — ist, jedenfalls bislang, verpönt.

Schließlich steht auch die Unmittelbarkeit und Konzentration des englischen Erkenntnisverfahrens in enger Verbindung mit der dortigen Verteilung von schriftlichen und mündlichen Elementen; denn bei so uneingeschränkter Mündlichkeit ergibt sich das Vorliegen dieser prozeßrechtlichen Grundsätze fast von selbst. Wo der Richter das gesamte Prozeßmaterial mündlich vorgetragen bekommt, ist die unverfälschbare Grundlage dafür gegeben, daß er sich aus eigener Anschauung und aus persönlichem Eindruck und nicht vermittels der Überbringung durch dritte Personen seine Überzeugung schafft[6].

Charakteristisch für den englischen Zivilprozeß ist ferner die Konzentration auf eine mündliche Verhandlung. Sie kann sich zwar über Tage, unter Umständen auch über mehrere Wochen erstrecken, wird aber immer in einem Zuge durchgeführt[7]. Diese Tatsache läßt sich wiederum historisch mit dem Vorhandensein einer „Jury" erklären. In der Praxis konnte diese nur einmal zusammengerufen werden. Denn ein mehrmaliges Auftreten hätte einen zu großen Aufwand erfordert. Wenn daher ein Verhandlungstag nicht ausreichte, mußte am nächsten Tag weiterverhandelt werden, aber eben stets ohne längere Unterbrechungen[8]. Auch die gegenwärtige Praxis läßt diesbezüglich kaum Änderungen zu. Da es dem Richter nicht gestattet ist, gerichtliche Protokolle für seine Entscheidung heranzuziehen, würde der unmittelbare Eindruck getrübt werden und es würden zu große Anforderungen an das Gedächtnis des Richters gestellt, bestünde die Verhandlung aus mehreren zeitlich auseinanderliegenden Terminen[9].

Die vorstehenden Ausführungen haben gezeigt, daß Form und Inhalt des englischen Erkenntnisverfahrens im großen und ganzen eine zweckmäßige und sachdienliche Gerichtstätigkeit ermöglichen. Allerdings ist auch der dortige Prozeß — unter besonderer Berücksichtigung schriftlicher und mündlicher Elemente — nicht vollkommen. Daß die mündliche Verhandlung und der Vorrang der mündlichen Beweiserhebung für die Entscheidungsfindung von ausschlaggebender Bedeutung sind, hat nicht nur positive, sondern auch negative Aspekte. Dieses System — verbunden mit dem alleinigen Entscheidungsrecht der Parteien,

---

4 Anders § 139 ZPO.

5 Anders § 144 und § 272 b ZPO.

6 *Cohn*, Reich des Anwalts, S. 25; vgl. auch *Kip*, S. 27.

7 *Abel / Bresch*, S. 10, 11; *Archibald*, S. 124; *Jacob & Wheatcroft*, S. 13; *Jacob*, Introductory Memorandum, S. 18 Anm. 34.

8 *Amos*, S. 347.

9 *Cappelletti*, Procédure orale, S. 102.

welche Zeugen gehört werden sollen — fordert die Parteien geradezu heraus, eine Taktik zu bevorzugen, deren Ziel es ist, den Gegner bis zum mündlichen Termin über die eigene Beweisstrategie im unklaren zu lassen, um dann unter Umständen einen Überraschungsangriff starten zu können[10]. Diese Methode vermindert gelegentlich die Effektivität des Vorverfahrens und kann so gleichzeitig zu einer Verlängerung der Hauptverhandlung und damit zu einer erheblichen Steigerung der Prozeßkosten führen. Denn es werden möglicherweise Zeugen bestellt, auf deren Ladung bzw. Befragung verzichtet würde, wenn die Parteien auch insoweit nicht erst in der Hauptverhandlung ihre Karten auf den Tisch legen müßten. Die Zeugenvernehmung selbst ist eine langwierige Angelegenheit, und es fragt sich, ob der damit verbundene Aufwand tatsächlich zu einer gerechteren Entscheidung führt.

Im Hinblick auf das Prinzip der Konzentration der mündlichen Verhandlung muß kritisch bemerkt werden, daß es sehr starr ist und selbst dann keine Durchbrechungen zuläßt, wenn sie vernünftig wären. Dieses Prinzip erschwert auch eine halbwegs exakte Terminierung, da anfänglich kaum abzusehen ist, über welchen Zeitraum sich die Behandlung eines Falles erstrecken wird, so daß unter Umständen erheblicher Leerlauf entsteht.

Die strikte Durchführung des Verhandlungsgrundsatzes birgt Risiken für eine schnelle und ausgewogene Beurteilung zivilrechtlicher Rechtsstreitigkeiten in sich. Da das Gericht kaum Möglichkeiten hat, den Verfahrensablauf zu beeinflussen, sind die Fristen regelmäßig unrealistisch, wenn die Prozeßvertreter eine davon abweichende Übereinkunft treffen. Ob eine solche Verzögerung für die eingehende Vorbereitung des Falles wünschenswert oder nur mit der Arbeitsbelastung der Anwälte zu erklären ist, können rechtsunkundige Personen selten durchschauen. Die Verantwortung für die Prozeßführung erfordert daher von den Anwälten große Selbstdisziplin. Wenn es daran mangelt, wird der ohne Verzögerungen durchgeführte Verfahrensablauf gefährdet, ohne daß das Gericht ein Interventionsrecht hat.

Auch im Rahmen der mündlichen Hauptverhandlung kann durch die Starrheit des Verhandlungsgrundsatzes und der damit verbundenen passiven Stellung des Richters die gerechte Interessenverteilung beeinträchtigt werden. Aufgrund der modernen wirtschaftlichen Machtverhältnisse besteht häufig ein ungleiches Kräfteverhältnis zwischen den Parteien. Dann liegt es im öffentlichen Interesse, daß der Richter die Rolle des bloßen Schiedsrichters ablegt und aktiv in das Verfahrensgeschehen eingreift, um eine gerechte Behandlung auch der wirtschaftlich schwächeren Partei zu gewährleisten.

---

[10] Zu der Kritik im einzelnen, vgl. *Forster*, S. 22 ff.

Diese kritischen Anmerkungen können allerdings nicht darüber hinwegtäuschen, daß die in England geübte Praxis partielle Anregungen bei der Suche nach einem rationellen und ausgewogenen Verfahren für die Erledigung privater Rechtsstreitigkeiten geben kann. Die „Pleadings" sind in der Regel ein musterhaftes Beispiel für eine leidenschaftslose, allein an sachlichen Gesichtspunkten orientierte Darlegung von Tatsachen, und die Hauptverhandlung ist eine wirkungsvolle Darbietung, die in vortrefflicher Weise Mündlichkeit, Unmittelbarkeit und Öffentlichkeit in sich vereinigt. Die Verteilung von schriftlichen und mündlichen Elementen im englischen Zivilprozeß kann jedoch nicht Vorbild oder gar Richtschnur für Reformüberlegungen hierzulande sein. Weder läßt sich das englische System in die deutsche Gerichtspraxis übertragen noch kann es als Parallele für hiesige Reformen dienen. Es wäre absurd, dem deutschen Verfahrensrecht ein Prozeßrechtssystem als vorbildlich vorzustellen, das in seinen charakteristischen Erscheinungsformen durch eine lange historische Vergangenheit geprägt worden ist und infolgedessen über ganz spezifische Eigenarten verfügt, die einerseits unabdingbare Voraussetzung für die relativ positive Einschätzung des englischen Zivilprozesses sind, andererseits aber nicht andernorts kopiert werden können. Dabei handelt es sich nicht nur um Eigentümlichkeiten auf sachlichem, sondern vor allem auf personellem Gebiet, wenn man an die Zweiteilung des englischen Anwaltsstandes sowie an das Auswahlverfahren der Richter denkt, das nur besonders erfahrenen und qualifizierten Rechtspraktikern den Zugang zum Richterberuf eröffnet.

Literaturverzeichnis

Abel, Paul / *Bresch,* Max: Grundsätze des österreichischen und englischen Zivilprozesses in vergleichender Darstellung, in: Festschrift zur Fünfzigjahrfeier der österreichischen Zivilprozeßordnung, 1898 - 1948, Wien 1948, S. 7 ff.

Amos, Maurice: A Day in Court at Home and Abroad, in: Cambr.L.J., 2 (1926), S. 340 ff.

Archibald, John: Civil Procedure and Procedure for enforcing Judgement, in: A Comparison of English and French Legal Procedure, London 1947, S. 121 ff.

Arens, Peter: Mündlichkeitsprinzip und Prozeßbeschleunigung im Zivilprozeß, Berlin 1971

Baker, J. H.: An Introduction to English Legal History, London 1969

Baumbach / Lauterbach / Albers / Hartmann: Zivilprozeßordnung, 34. Aufl., München 1976

Bentham, Jeremy: Rationale of Judicial Evidence, Specially applied to English Practise, in: The Works of J. Bentham edited by John Bowring, Edinburgh 1843

Bibliographical Guide to the Law of the United Kingdom, Second Edition, London 1973 edited by A.G. Chloros

Birrell, Augustine: Changes in Equity, Procedure and Principles, London 1901, S. 177 ff., in: A Century of Law Reform, Twelve Lectures on the Changes in the Law of England during the 19th Century, London 1901

Blackstone, William: Commentaries on the Laws of England, vol. III, Fourth Edition, Oxford 1770

Blomeyer, Karl / *Meiss,* Wilhelm: Schriftliches und mündliches Element im Zivilprozeß, in: Deutsche Landesreferate zum Dritten Internationalen Kongreß für Rechtsvergleichung, London 1950, S. 461 ff. (Beiträge zur Rechtsforschung, herausgegeben von Ernst Wolf)

Bowen, Charles S. C.: Progress in the Administration of Justice during the Victorian Period, in: Select Essays in Anglo-American History, vol. I, Boston 1907, S. 516 ff.
(zit.: Bowen, Select Essays)

— The Administration of the Law from 1837 to 1887, in: The Reign of Queen Victoria, A Survey of Fifty Years of Progress, edited by Thomas Humphrey Ward, London 1887
(zit.: Bowen, Survey)

Brougham, Henry: On the Present State of the Law, The Speech of Henry Brougham in the House of Commons on Thursday, February 7, 1828

Brunner, Heinrich: Geschichte der englischen Rechtsquellen im Grundriß, Leipzig 1909

Buckley, Margaret: Civil Trial by Jury, in: Current Legal Problems 19 (1966), S. 63

Bunge, Jürgen: Das untere Richterpersonal und die Richtergehilfen am Englischen High Court of Justice, Berlin 1973
(zit.: Bunge, Richterpersonal)

— Das englische Zivilprozeßrecht, Berlin 1974
(zit.: Bunge, ZPO)

Caenegem, R. C., van: History of European Civil Procedure, in: International Encyclopedia of Comparative Law, vol. XVI ch. 2

Cappelletti, Mauro: Fundamental Guarantees of the Parties in Civil Litigation, in: Studies in Comparative Law, edited by Mauro Cappelletti and Dennis Tallon, Mailand 1973
(zit.: Cappelletti, Fundamental Guarantees)

— Procédure orale et Procédure écrite, Oral and Written Procedure in Civil Litigation, Mailand 1971
(zit.: Cappelletti, Procédure orale)

Chitty, Joseph: A Practical Treatise on Pleading, First Edition, London 1809

Cohn, Ernst J.: Der englische Gerichtstag, Köln—Opladen 1956
(zit.: Cohn, Gerichtstag)

— Die Lehre vom Schriftsatz nach englischem Recht, in: ZZP 73 (1960), S. 324 ff.

— Das Reich des Anwalts, Anwaltsberuf und Anwaltsstand in England, Heidelberg 1949
(zit.: Cohn, Reich des Anwalts)

Cole, W. R.: The Law and Practice in Ejectment, London 1857

Cornish, W. R.: The Jury, 1971

Cowen, Zelman / *Carter*, P. B.: Statutory Modification of the Law of Hearsay, in: The Law of Evidence, Oxford 1956

Cross, Rupert: Evidence, Fourth Edition, London 1974

Curti, Arthur: Englands Zivilprozeß, Berlin 1928

Deans, R. Storry: The Student's Legal History, Fourth Edition, London 1921

Diamond, Arthur S.: English Interlocutory and Pretrial Practice and Procedure, in: Am.B.Ass.J. 47 (1961), S. 697 ff.

— Criticism of the Procedure of the High Court, in: L.J. 112 (1962), S. 286 ff.

— The Summons for Directions, in: L. Quart.Rev. 75 (1959), S. 43 ff.

Elliot, D. W.: Phipson's Manual of the Law Evidence, Tenth Edition, London 1972

Forster, John: Going to Law, A Critique of English Civil Procedure, London 1974

Gerland, Heinrich B: Die englische Gerichtsverfassung, Band 1, Leipzig 1910
(zit.: Gerland, Gerichtsverfassung)

— Englische Rechtsprobleme und die deutsche Zivilprozeßreform, Berlin 1930
(zit.: Gerland, Rechtsprobleme)

Goldschmidt, Hans W.: English Law from the Foreign Point of View, London 1937

Hale, Matthew: The History of the Common Law of England, edited by Charles Runnington, London 1820

Hamson, C. J. / *Plucknett*, Theodore T. F. T.: The English Trial and Comparative Law, Cambridge 1952
(zit.: Hamson, English Trial, bzw. Plucknett, English Trial)

Hamson, C. J.: English and French Legal Method, The Civil Process, in: Juridicial Review 67 (1955), S. 188 ff.

— Le Trial Anglais, in: Rev.Int.Dr.Comp. 1956, S. 529 ff.

Holdsworth, William Searle: A History of English Law in Sixteen Volumes,
vol. I, Seventh Edition, London 1956,
vol. II, Fourth Edition, London 1936,
vol. III, Third Edition, London 1923,
vol. VIII, Second Edition, London 1937,
vol. IX, Third Edition, London 1944,
vol. XV, edited by A. C. Goodhart and H. G. Hanbury, First Published, Oxford 1965
(zit.: Holdsworth, Legal History)

— The Development of Written and Oral Pleadings, in: Select Essays in Anglo-American History, vol. II, Boston 1907, S. 164 ff.
(zit.: Holdsworth, Development)

— The New Rules of Pleading of the Hilary Term 1834, in: Cambr.L.J. 1 (1921 - 1923), S. 261 ff.

Hollond, H. A.: Pleading and Proof at Common Law, in: Cambr.L.J. 6 (1936), S. 1 ff.

Jackson, R. M.: The Machinery of Justice in England, Fifth Edition, Cambridge 1970

Jacob, I. H.: The Present Importance of Pleadings, in: Current Legal Problems 1960, S. 171 ff.

— Introductory Memorandum, in: United Kingdom National Committee of Comparative Law, Oxford Colloquium of Civil Procedure September 15th - 17th 1970
(zit.: Jacob, Introductory Memorandum)

Jacob, I. H. / *Jacob*, J. M.: Civil Procedure including Courts and Evidence, in: Ann.Surv.Commonw.L., 1972, S 526 ff., 1967, S. 711 ff.

Jacob, I. H. / *Wheatcroft*, G. S. A.: Does the Law serve the Needs of today's Community, Courts and Methods of Administring Justice, 1965

Jaeger, B.: Das Verbot der „Hearsay-Evidence" im englischen Beweisrecht und seine heutige Anwendung, in: Schweiz.JZ 1964, S. 267 ff.

James, Fleming Jr.: Civil Procedure, Boston—Toronto 1965

Jenks, Edward: A Short History of English Law from the Earliest Times until the End of the Year 1938, Sixth Edition 1949

Jolowicz, J. A.: Written and Oral Proof-Taking: England, in: British Legal Papers presented to the 8th International Congress of Comparative Law 1970 in Pescara
(zit.: Jolowicz, Oral and Written Proof-Taking)

— Fundamental Guarantees in Civil Litigation: England, in: Studies in Comparative Law edited by Mauro Cappelletti, Mailand 1973, S. 121 ff.
(zit.: Jolowicz, Fundamental Guarantees)

Kaplan, Benjamín: An American Lawyer in the Queen's Courts: Impressions of English Civil Procedure, in: Mich.L.Rev. 69 (1970 - 71), vol. II, S. 820 ff.

Kayser, Uwe: Die Auswahl der Richter in der englischen und amerikanischen Rechtspraxis, Berlin 1969

Kip, Hans-Gerhard: Das sogenannte Mündlichkeitsprinzip, in: Prozeßrechtliche Abhandlungen, Heft 19, Köln—Berlin 1952

Kiralfy, A. K. R.: The English Legal System, Third Edition, London 1960

Langan, P. St. J.: Civil Procedure and Evidence, London 1970

Leske, Franz / *Loewenfeld*, W.: Die Rechtsverfolgung im internationalen Verkehr, Bd. I, 1. Aufl., Berlin 1895

Liebscher, Viktor: Das englische Gerichtswesen, in: Jur.Bl. 1964, S. 180 ff.

Linke, Hartmut: Die Versäumnisentscheidungen im deutschen, österreichischen, belgischen und englischen Recht, Ihre Anerkennung und Vollstreckbarerklärung, in: Schriften zum deutschen und europäischen Zivil-Handels- und Prozeßrecht, Bielefeld 1972

Löwenkamp, Hans: Die Lehre vom Schriftsatz in ausländischen Zivilprozeßsystemen, Diss., Erlangen 1965

Löwenstein, Karl: Staatsrecht und Staatspraxis von Großbritannien, Band II, Justiz, Verwaltung, Bürgerrechte, Berlin—Heidelberg—New York 1967

Mächel, Ulla: Aufbau zivilrechtlicher Fälle in England, Diss., Düsseldorf 1969

Maine, Henry S.: Ancient Law, Second Edition, London 1863

Maitland, Frederic William: The Forms of Action at Common Law, Cambridge 1968
(zit.: Maitland, Forms of Action)

— Lectures on the Forms of Action at Common Law, Cambridge 1932
(zit.: Maitland, Lectures)

Mann, F. A.: Die deutsche Justizreform im Licht englischer Erfahrung, in: Heft 63 der Schriftenreihe: Juristische Studiengesellschaft, Karlsruhe 1965

Mendelsohn-Bartholdy, A.: Das Imperium des Richters, Straßburg 1908

Millar, Robert W.: Common Law Pleading, Chicago-American School 1912, 1923
(zit.: Millar, Pleading)

— Civil Procedure of the Trial Court in Historical Perspective, New York 1952
(zit.: Millar, Trial Court)

— The Old Regime and the New in Civil Procedure, in: Law, a Century of Progress 1835 - 1935 edited by Alison Reppy, vol. I (1937), S. 207 ff.
(zit.: Millar, The Old Regime)

Montrose, J. L.: Basic Concepts of the Law of Evidence, in: L. Quart.Rev. 70 (1954), S. 527 ff.

Mosse, Robert Lee, et al.: The Student's Practice of the Courts, Tenth Edition, London 1912

Mullins, Claud: In Quest of Justice, London 1931

Nagel, Heinrich: Die Grundzüge des Beweisrechts im europäischen Zivilprozeß, 1967

Newark, Michael: Civil Evidence Act 1968, in: Mod.L.Rev. 31 (1968), S. 668 ff.

Newman, K. M.: Das Englisch-Amerikanische Beweisrecht, Heidelberg 1949

Nokes, G. D.: The English Jury and the Law of Evidence, in: Tul.L.Rev. 31 (1956 - 57), S. 153 ff.

— An Introduction to Evidence, Fourth Edition, London 1967
(zit.: Nokes, Evidence)

Odgers, William Blake: The Principles of Pleading and Practice in Civil Actions in the High Court of Justice, First Edition, London 1892, Eighth Edition, London 1922, Twentieth Edition, London 1971 by G. F. Harwood
(zit.: Odgers, Pleading)

— Changes in the Common Law and in the Law of Persons, in the Legal Profession and in Legal Education, in: A Century of Law Reform, London 1901
(zit.: Odgers, Century of Law Reform)

— On the Common Law of England, vol. 2, Third Edition by Roland Burrows, London 1927
(zit.: Odgers, Common Law)

Paley, William: The Principles of Moral and Political Philosophy, Twelfth Edition, vol. II, London 1799

Peter, Hans: Action und Writ, in: Untersuchungen zur vergleichenden allgemeinen Rechtslehre, Band 2, Tübingen 1957

— Römisches Recht und englisches Recht, Wiesbaden 1969
(zit.: Peter, Röm. Recht)

Phipson: On Evidence, Eleventh Edition, London 1970 by John Buzzard; Roy D. Amelot; Stephen Mitchell

Plucknett, Theodore F. T.: The English Trial and Comparative Law, Cambridge 1952
(zit.: Plucknett, English Trial)

— A Concise History of the Common Law, Fifth Edition, London 1956
(zit.: Plucknett, History)

Pollock, Frederick / *Maitland*, Frederic William: The History of English Law before the Time of Edward I, vol. I, vol. II, Second Edition, Cambridge 1952

Potter, Harold: Historical Introduction to English Law and its Institutions, Fourth Edition, London 1958 by A. K. R. Kiralfy

Pound, Roscoe: Interpretation of Legal History, in: Cambridge Studies of English Legal History, vol. III, Cambridge 1923
(zit.: Pound, Interpretation)

— Readings on the History and System of the Common Law, Second Edition, Boston 1925
(zit.: Pound, Readings)

Radcliffe, G. R. Y. / *Cross*, Geoffry: The English Legal System, Fifth Edition, London 1971

Reeves': History of the English Law, from the Time of the Romans to the End of the Reign of Elisabeth, Third Edition by W. F. Finlason, London 1869

Reports: Second Report of Commissioners on the Superior Courts of Common Law, in: Parlt. Papers 1830, Vol. XI, S. 547 ff.

— Third Report of Commissioners to inquire in the Practice and Proceeding of the Superior Courts of Common Law, in: Parlt. Papers 1831, vol. X, S. 375 ff.

— First Report of Her Majesty's Commissioners for inquiring into the Process, Practice and System of Pleading in the Superior Courts of Common Law, in: Parlt. Papers 1851, vol. XXII, S. 567 ff.

— First Report of the Judicature Commissioners, in: Parlt.Papers 1868 - 1869, vol. XXV, S. 1 ff.

— Report of the Procedure Committee, Westminster Hall 1881, in: L.J., A Weekly Publication of Notes of Cases and Legal Views, vol. XVI (1881), S. 469 ff.

Reynold, Heinrich: Justiz in England, Eine Einführung in das englische Rechtsleben, 1968

Roscoe, Edward Stanley: The Growth of English Law, London 1911

Ross, R. E.: The Law of Discovery, London 1912

Rüttimann, J.: Der englische Civil-Proceß, Leipzig 1851

Scarman, Leslie: The English Judge, in: Mod.L.Rev. 1967, S. 1 ff.

Schmitthoff, Clive M.: Der Zivilprozeß als Schlüssel zum englischen Rechtsdenken, in: JZ 1972, S. 38 ff.

Schuster: Ernst: Die bürgerliche Rechtspflege in England, Berlin 1887

Schwering, Walter: System der Beweislast im englisch-amerikanischen Zivilprozeß, Karlsruhe 1969

Stein / Jonas / Pohle: Kommentar zur Zivilprozeßordnung, Band I, 19. Aufl., 1972

Stephen, Henry John: A Treatise on the Principles of Pleading in Civil Actions, First Edition, London 1824, Fifth Edition, London 1843, Seventh Edition by Francis F. Pinder, London 1866
(zit.: Stephen, Pleading)

— New Commentaries on the Laws of England, vol. III, London 1844
(zit.: Stephen, Commentaries)

Sunderland, Edson R.: The Theory and Practice of Pre-Trial Procedure, in: Mich.L.Rev. 36 (1937 - 1938), S. 215 ff.

— The English Struggle for Procedural Reform, in: Harv.L.Rev. 39 (1925 bis 1926), S. 725 ff.

Sutton, Ralph: Personal Actions at Common Law, London 1929

Thayer, James Bradley: A Preliminary Treatise on Evidence at the Common Law, Boston 1898
(zit.: Thayer, Evidence)

— Judicial Notice and the Law of Evidence, in: Harv.L.Rev. 3 (1889 - 1890), S. 285 ff.

— The Jury and its Development, in: Harv.L.Rev. 5 (1891 - 1892), S. 249 ff., fortgesetzt S. 295 ff., 357 ff.

The Supreme Court Practice 1976: Fourth Edition, London 1975 by I. H. Jacob et al.
(zit.: Supreme Court Practice)

Veeder, Vechten van: A Century of English Judicature 1800 - 1900, in: Select Essays in Anglo-American History, vol. I, Boston 1907, S. 730 ff.

Walker, R. J. / *Walker,* M. G.: The English Legal System, Third Edition, London 1972

Walsmann, Hans: Schriftlichkeit und Mündlichkeit, in: ZZP 61 (1939), S. 381 ff.

Whittier, Clark B.: Notice Pleading, in: Harv.L.Rev. 31 (1917 - 1918), S. 501 ff.

Wilson, Geoffrey: Cases and Materials on the English Legal System, London 1973

Zander, Michael: Cases and Materials on the English Legal System, London 1973

Entscheidungsverzeichnis

Attorney-General v. Gaskill (1882), 51 L.J.Ch. 870
Bagot v. Easton (1878), 47 L.J.Ch. 225
G. L. Baker Ltd. v. Medway Building & Supplies, [1958] 3 All E.R. 540
Banbury v. Bank of Montreal, [1918] A.C. 626
Bennet v. Hundred of Hartford (1650), Style 233 = 82 E.R. 671
Berdan v. Greenwood (1878), 3 Ex.D. 255 = 47 L.J.Q.B. 628
Berkeley Peerage Case (1811), 4 Camp. 401 = 171 E.R. 128
Bright v. Eynon (1757), 1 Burr. 391 = 97 E.R. 365
Briscoe v. Briscoe, [1966] 1 All E.R. 465
Bromley v. Bromley, [1964] 3 All E.R. 226
Brooking v. Maudslay (1886), 55 L.T. 343
Bruce v. Odhams Press Ltd., [1936] 1 All E.R. 287
Bryant v. Herbert (1878), 3 C.P.D. 390
Buckle v. Buckle, [1955] 3 All E.R. 641
Bushel's Case (1670), Vaugh 135 = 84 E.R. 1123
Byrd v. Nunn (1877), 7 Ch.D. 284
Cashin v. Cradock (1876), 3 Ch.D. 376
Chatsworth Investments Ltd. v. Cussins, [1969] 1 All E.R. 143
Chipcase v. Rosemond, [1965] 1 All E.R. 145
Christie v. Christie (1873), 42 L.J.Ch. 544
Christie v. Leachinsky, [1947] 1 All E.R. 567
Clarapede v. Commercial Union Association (1883), 32 W.R. 262
Clayton v. Le Roy, [1911] 2 K.B. 1031
Collette v. Goode (1878), 47 L.J.Ch. 370
Cropper v. Smith (1884), 53 L.J.Ch. 891
Davie v. New Merton Board Mills Ltd., [1956] 1 All E.R. 379
Davy Brothers Ltd. v. Garrett (1878), 47 L.J.Ch. 218
Day v. William Hill, [1949] 1 All E.R. 219
Dolbey v. Goodwin, [1955] 2 All E.R. 166
Drummond-Jackson v. British Medical Association, [1970] 1 All E.R. 1094
Dyson v. Attorney-General, [1911] 1 K.B. 410
Earp v. Henderson (1876), 45 L.J.Ch. 738
Esso Petroleum v. Southport Corporation, [1954] 2 All E.R. 561
Fallon v. Calvert, [1960] 1 All E.R. 281
Ford v. Lewis, [1971] 2 All E.R. 983
Gale v. Denham Picture Houses (1930), 99 L.J.K.B. 351
Glebe Sugar Refining Co. Ltd. v. Trustees of Port & Harbour of Greenock (1921), 125 L.T. 578

Griffith v. London & A.K. Docks & Co. (1884), 53 L.J.Q.B. 504
Hall v. Eve (1876), 4 Ch.D. 341
Hammer v. Flight (1876), 35 L.T.R. 127
Harry v. Davey (1876), 34 L.T. 842
Healey v. A. Waddington & Sons, [1954] 1 All E.R. 861
Heap v. Morris (1877), 46 L.J.Q.B. 761
Heaton v. Goldney (1910), 79 L.J.K.B. 541
Hennessy v. Wright (1888), 4 T.L.R. 662
Hipgrave v. Case (1885), 28 Ch.D. 356
Hubbock & Sons Ltd. v. Wilkinson (1899), 68 L.J.Q.B. 34
Hunt v. Rice & Son Ltd. (1937), 53 T.L.R. 931
James v. Smith (1891), 1 Ch. 384
Jones v. National Coal Board, [1957] 2 All E.R. 155
Kelly v. Metropolitan Railway & Co., [1895] 1 Q.B. 944 = 64 L.J.Q.B. 568
Knapp v. Harvey (1911), 80 L.J.K.B. 1228
Knowles v. Roberts (1888), 38 Ch.D. 263
Law v. Dearnley, [1950] 1 All E.R. 124
Leavey & Co. Ltd. v. Hirst, [1944] 1 K.B. 27 = [1943] 2 All E.R. 581
Letang v. Cooper, [1965] 1 Q.B. 232
Lever Brothers Ltd. v. Associated Newspaper Ltd. (1907), 76 L.J.K.B. 1141
Lowery v. Walker, [1910] 1 K.B.; [1911] A.C. 10
Lyle-Samuel v. Odhams Ltd., [1920] 1 K.B. 135
Mechanical and General Inventions Co. Ltd. v. Austin and the Austin Motor Co. Ltd., [1935] AA E.R. 22
Millington v. Loring (1881), 50 L.J.Q.B. 214
Moore v. Hewitt, [1947] 2 All E.R. 270
Morey v. Woodfield, [1963] 3 All E.R. 533
Myers v. Director of Public Prosection, [1964] 2 All E.R. 881
Nagle v. Feilden, [1966] 1 All E.R. 689
Owen v. Nicholl, [1948] 1 All E.R. 707
Phillips v. Phillips (1879), 48 L.J.Q.B. 135
Plymouth Mutual Co-operative and Industrial Society v. Traders' Publishing Association Ltd. (1906), 75 L.J.K.B. 259
R. v. Bodmin, [1947] 1 All E.R. 109
R. v. Sutton (1816), 4 M & S 532 = E.R. 931
Rahimtoola v. Nizam of Hyderabad, [1958] A.C. 379
Re Dependable Upholstery Ltd., [1936] 3 All E.R. 743
Re Harrinson's Share under a Settlement, [1955] 1 Ch. 260
Re Lawrence's Will Trusts, [1972] 1 Ch. 418
Re Wrightson (Wrightson v. Cooke), [1908] 1 Ch. 789
Ridgway v. Smith & Son (1890), 6 T.L.R. 275
Robinson v. Raley (1757), 1 Burr. 319 = 97 E.R. 330
Rock v. Purssel (1887), 84 L.T.J. 45
Rofe v. Kevorkian, [1936] 2 All E.R. 134

Scott (Morgan) v. Scott, [1913] All E.R. 1
Scott v. Shephard, [1773] All E.R. 295
Serrao v. Noel (1885), 15 Q.B.D. 549
Shaw v. Shaw, [1954] 2 All E.R. 638
Smalley v. Robey & Son Ltd., [1962] 1 All E.R. 133
Spedding v. Fitzpatrick (1889), 58 L.J.Ch. 139
Squire v. Squire, [1972] 1 All E.R. 891
Stone v. Stone (1949), 118 L.J.K.B. 639
Steeds v. Steeds (1889), 58 L.J.Q.B. 302
Sterman v. E. W. and W. J. Moore, [1970] 1 All E.R. 581
Steward v. North Metropolitan Tramway & Co. (1886), 16 Q.B.D. 556
Sweeny v. Sir Robert McAlpine & Son Ltd., [1974] 1 All E.R. 474
Teper v. Reginam, [1952] 2 All E.R. 447
Thorp v. Holdsworth (1876), 3 Ch.D. 637
Tildesley v. Harper (1876), 10 Ch.D. 396
Tomkinson v. S.E. Railway Co. (1887), 57 L.T. 358
Townsend v. Parton (Re Parton) (1882), 45 L.T. 755
Waghorn v. George Wimpey & Co. Ltd., [1970] 1 All E.R. 474
Ward v. James, [1965] 1 All E.R. 563
Wenlock v. Moloney, [1965] 2 All E.R. 871
Weymouth v. Rich (1885), 1 T.L.R. 609
White v. Great Western Rail (1857), 2 C.B. (N.S.) 7
White v. Spafford (1901), 70 L.J.K.B. 658
Williams v. Wilcox (1838), 8 A & E 314 = 112 E.R. 857
Williams v. N.W. Railway (1879), 12 Ch.D. 794 = 48 L.J.Ch. 559
Wood v. Gunston (1655), Style 462 = 82 E.R. 864
Yuill v. Yuill, [1945] 1 All E.R. 183

FSC
www.fsc.org
MIX
Papier | Fördert
gute Waldnutzung
FSC® C083411

Kolibri 360 GmbH
Ferdinand-Jühlke-Straße 7
99095 Erfurt, Deutschland
produktsicherheit@kolibri360.de

Druck:
CPI Druckdienstleistungen GmbH
im Auftrag der
Kolibri 360 GmbH
Ferdinand-Jühlke-Str. 7
99095 Erfurt